杨典 /著

旧版书评
肆拾捌

孤绝花

WUHAN UNIVERSITY PRESS
武汉大学出版社

图书在版编目(CIP)数据

孤绝花:旧版书评肆拾捌/杨典著. —武汉:武汉大学出版社,2018.7
ISBN 978-7-307-20257-3

Ⅰ.孤… Ⅱ.杨… Ⅲ.书评—中国—现代—选集 Ⅳ.G236

中国版本图书馆 CIP 数据核字(2018)第 119784 号

责任编辑:赵 金 特约编辑:向 霁 装帧设计:李婷婷

出版发行:**武汉大学出版社** (430072 武昌 珞珈山)
(电子邮件:cbs22@ whu. edu. cn 网址:www. wdp. com. cn)
印刷:武汉新鸿业印务有限公司
开本:880×1194 1/32 印张:8.625 字数:167 千字
版次:2018 年 7 月第 1 版 2018 年 7 月第 1 次印刷
ISBN 978-7-307-20257-3 定价:49.00 元

再版说明

　　拙著《孤绝花》是 2007 年出版的一本书评随笔集，距今已十多年了。其中很多书评的写作时间则更早。我们读书最用心之时，往往是过去住在斗室里的岁月，或少年时代最孤寂的某些时刻。譬如八十年代，那时藏书有限，或借或买，但每一本都算是认真研读。如今则不同，书籍的获取太简单了，各类出版物堆积如山。别说普通人，即便作家们的藏书也更多像是一种对"文化景观"的需要，而非寻求冲决网罗的思想。皓首穷经的学者读书，也类似一种信息积累，离汉语传统所谓的"行"与"思"之期望却仿佛隔了更远的一层。总体而言，阅读的意义已今非昔比。带来这种变化的社会原因、环境压力乃至年龄与心态的落差等，毋庸我赘言，每个人心里都清楚。熟悉古籍的读者都知道，中国古人的写作与近现代以后西学东渐式的汉语写作，其立意与愿景皆迥异。中国古人并不太关心"文学"，而更关心为文学背后那个人的具体所作所为。文学只是他们在不得已、不得志或不得不言说时的语言救赎。世间的写作也更像是误入丛林，以危险的词语为生命代步。无论诗、小说、随笔或任何文史哲之典籍，都如在絮叨自身对所处之大时间的恐惧感，或孤立无援中的紧迫感。存在本身已是多么惊险，令吾辈随时如履薄冰。而如今，这种紧迫感却仅仅淡化为对文字本身的信息需求。写作仿佛把一切文学从本质上都变成了"老婆心切"[1]。过去，写作不够独立，它只是行动或兴观群怨之前的激烈，失败悲恸之后的遗憾，乃至一场足够荒谬的梦境。现在，那种本应该通过阅读走向文以载道、述而不作、明理言志或形劳天下等士人之理想，已完全变成一个泡影。现代人的写作消解了古人对伟大的道的焦虑，仅仅化为某种知识与品格，或是顾亭林所言的那种"无足观"的文人。当文学完全独立于文字图书之内，这是汉语的不幸还是万幸，是新的自由还是新的局限，或许怎么说都无妨。犹记明人袁宏道云："山有色，岚是也；水有文，波是也；学道有致，韵是也。山无岚则枯，水无波则腐，学道无韵则老学究而已。"[2]文学即事实的色相，亦如波澜之于大海，有时候是真相，同时又是假相。而学文如学道，那奇怪的韵是什么，无法以今日直白之语做过度诠释。好在这些书评，当年不求甚解的粗浅之语，皆以"文饭小品"之气息来谈所读闲书，也算是一场人间清欢之韵。宽容的读者更不必介意于所谈之书的内容。

　　另，当年所涉及的很多"绝版"旧书，后来也有不少再版过。除

1　老婆心切，禅宗语，指好为人师，因教人心切而喋喋不休。佛家称亲切叮咛者曰"老婆"或"老婆婆"，如苦口婆心状，又称"老婆心"或"老婆禅"。

2　语见袁宏道《寿存斋张公七十序》。

过去偶有一二大意处，趁这次再版作了修订外，总体上之良莠任性，皆立此存照，只当是往昔生活与天真的痕迹，不再改了。在此特别说明。

2018 年 5 月作者于戊戌初夏草就

目　录

引: 在一朵花中读书

前人爱花开，

后人惜花落。

待看明年花，

前后人非昨。

天真自然，涵盖万象，书之为物，又岂独在于文明？天下的读书人太多，书也浩若烟海。纵横于宗教经籍、如山竹简，逍遥在朝野书院、馆阁秘藏，凡书之所在，总有些古怪逸闻；书之亡失，常令人饮恨如伤。一切好书本无正邪之分，如道尚刚柔，佛无雌雄。每一本书都像一个人，它的精神可能是多元的、相对的。在每一个不同时期，它都会有不同的含义或象征。

为书而写书，只算是一种嗜好。

如在一朵花中阅读万物，心中自有大美而不言。

这部随笔集，收录了我近年来一些读书感想或追忆。其中谈到了四十八本旧书，以及由此博引开的其他无限的书：有散乱的圈点与批判，当然也有思想、情绪、宣泄、喊叫、仇恨、打击、铁血、嘲笑、咒骂和调侃；有疾病也有疯癫；有鬼话也有严谨；有阿Q精神、腐儒气质、僧侣主义，也涉及琐碎的阅读往事和一个书生的梦境……这一切，如果说像是一朵乱七八糟的曼陀罗花一般，在腐朽而愤怒地开放的话，那么，书中那些忧愁痛快的牢骚，也算是这朵花先锋的花蕊吧。

人生识字忧患始。书籍本身就会散发出一种焦虑的墨香。

但我从不想刻意地把焦虑带给别人。这些文字里兴许有一些荒诞派的气味、后现代的迷雾或一种久违了的晦涩的古意。但请宽恕吧，那一定是我无心而为的。

其实，藏书并非我的癖好。我也从来就没有想追求过什么版本或学术。这些书评也不可能是一大把火药、刺刀、野兽、鬼神或什么撩拨人的现代文化武器。虽然我的确渴望过，想要用亦新亦旧的语言，去烧毁那些发霉的文献带来的晦气。

心情不好的时候，硬着头皮读点古书是个很苦闷也很极端的办法。唯青灯黄卷，千古墨花，或可消遣二三痛楚，万劫惆怅。此话一点不虚。这世界很难对付，也很容易对付。于是，一个人潜心写作，练琴泼墨。或夜观乾象，晨起焚香，偶尔展卷小坐时，俯瞰窗外天下尘嚣，滚滚人流，再三省肉身悲剧，半生颠倒，其中大概有一种东西是平时感觉不到的。

自二十世纪八十年代以后，连写作本身也是一种"罪恶的荣耀"。人往往会为了璀璨幽雅的词语而回避真理。曾经的写作使人神圣，现在的写作徒增浮躁。不知道为什么，从少年时代开始，有一种类似中世纪宗教文学感情的阴霾在我心里，怎么也挥之不去。我虽不得不进行除艺术与真理以外的写作，如商业图书、肥皂剧本等，以此谋生，但我蔑视自己的这种行为。当大统一的克隆生活方式，把每个人的血肉之躯都变成了零件，像圣奥古斯丁、施耐庵、卡夫卡、库尼亚或索尔仁尼琴那样传统意义上的"孤胆写作英雄"，现在已经完全没有了。大多数颇有天赋的人，都会因生活压力的逐渐加大而作出反常的选择：譬如放弃和异化。

近年来各类图书大泛滥，的确有些超出了往昔的趋势，然而大街上突然有了太多的书，却一点儿也没有带来类似民国或"八五思潮"那样的文化刺激。我相信真正好书的出现，总需要有一个漫长的时间，厚积薄发。在古代，譬如蒙古帝国铁腕统治了汉族九十七年之后，才会诞生像《水浒》那样的暴力之书；法国大革命的血腥，也可以让《九三年》百读不厌……但是现在海量的书，它们的出版和文本化，大多是一种迫不得已的时尚。书本来是为了让更多的人直接走到美的最前线，思想的最前线，社会、艺术、政治、科学或神学的最前线；无奈，现在大多数人，却都磨皮擦痒地"生活在后方"。而一本真正的好书，应该是有扫荡性的，要扫荡的是只看杂志的读者，只看好莱坞电影的观众，还有那些后工业症患者、商业偏瘫、金钱麻风病人、办公室里发霉的文件、泼皮无赖的文化理想或糜烂在社会新闻里的段子。

但是这不可能是一个人的事，更不可能是一本书的事。

的确，如果这世界太大，风景太辽阔，让我们这些渺小的人不仅无法真正阅尽春色，有时还容易迷失在这现代的荒原里的话，那就且让我们先停下来：停在一本书的面前幻想，停在一朵花的中心思索。因为，也许在这里面，已经藏满了三千智慧灯海、十万佛魔我他。

一本好书，总是可以详细来谈谈的。

于是，此写书的书，也终于有了一个凌乱的雏形。

仰望前人浩瀚群籍，汗牛充栋，高不见顶……这本书自然越发显得渺小。但我知道，古山雄浑，却须有野花点缀；猛禽威风，也不可缺羽毛绚丽。为我过去读过的那些散乱的好书来写一本书中之书，也算是对它们文恩的报答吧。

残
卷

清狂与境界

线装手抄影印本 《嵇康集》

鲁迅

1956 年版

正如博尔赫斯所说的，在"世界的图书馆"里，犹如恒河沙数一般封存着亿万神秘的旧书。它们可能随着时间的流逝而隐没，却从不消失。书是什么？它其实不是神话故事，不是数字符号，不是几何、历史与图画，不是英雄的谎言或美人的传说，也不是乐谱、医书或动植物标本，它甚至不是学问……我想，全世界的书，就是一本书：人的幻想。

一部分幻想是为了肉身，即科学；另一部分是为了灵魂，即艺术。

书，作为原子的存在，把人与一般动物分开。因为动物也有语言，但只有人才有文字、数学与图画——并将其记录为整个文明。

我手里这本线装的鲁迅手抄本《嵇康集》，是某图书馆的一本散落的旧书，一册尘封了多年的"幻想"。

一个少年时代的密友偶得之后，知我爱书，于是转赠与我。

据周作人在回忆录《年少沧桑》中记述，周氏兄弟俩小时候都喜欢抄古书，一是为了练字，一是为了文学本身。鲁迅是一个有着极端叛逆精神的文人，悲愤在心，长恨去国，但在童年时代却也迷恋旧书之美。在绍兴黄昏的石桥、流水与百草园边，在晚清江南的一个个雨夜，他们从《康熙字典》《茶经》一直抄到《唐诗叩弹集》《说郛》……都是大册页的，后来却在生活中散失了。

我一直觉得，在鲁迅的骨髓与血液里，他仍然是一个传统的帝国少年，一个倾心于古籍善本之幽美、朴素的旧式书生。只是时代改变了他。

谁都知道，鲁迅是"嵇康迷"。因为时代，也因为他的个性，他十分景仰魏晋时期竹林中那些愤世的狂人。嵇康是一个颓废的英雄，由于吸食"五石散"，他形体扭曲，萎靡枯槁，所谓"土木形骸"，还要弹琴打铁搞政变。他集隐士与烈士于一身的壮丽生涯、喋血法场的殉道精神，以及《晋书》中关于"广陵散"的古琴传说，自然很能引起鲁迅的同感。因为鲁迅明白，有时候颓废与愤怒，其实是一码子事。愤怒而不得志者，大多走向颓废。于是，1913年至1924年，鲁迅博采群籍，用小楷抄写，收集，编订了一本最完善的《嵇康集》。那之前，再也没有比他这本更完善的嵇康全集了。

正文第一页，还盖了一枚朱红色的鲁迅书印："会稽周氏"。

在书的每一页，鲁迅都有详细的眉批、校注，以及朱笔的编码注释。虽略有涂抹修改，但红与黑两种笔墨交相辉映，形成极其皎洁的反差。

然而，此书在鲁迅生前从来没有机会出版过，他终生引以为憾。

1956年，为了纪念鲁迅逝世二十周年，文学古籍刊行社出版了

此书，当时只印了两千册，"文革"后，能残存下的大约更是凤毛麟角了。

俄罗斯作家帕斯捷尔纳克曾云："每本书出现后，就有了它自己的命运……书籍越是被翻得发黑，就越有它自己的魅力。"

如我这本书就已经很旧了。由于图书馆的潮湿，整本书的下半部分还呈现出一片水渍，看上去犹如画在每一页的写意山水。书页残破的边缘、磨损的书角，让人想起一朵层层枯萎的牡丹花；绸缎的蓝封面与后来装订上去的棉线，使它看上去几乎不像书了，更像是一块时间的补丁。

但正是这种破与旧，让它显得如此的绚丽。

读此书，很明显地感觉到鲁迅其实是一个内心极端矛盾的人。

他在时代的狂飙下反抗着传统带来的压抑，却又不时地醉心于古代一些接近他性情的东西。中国自古就有一种被称为"狂生"的人，譬如阮咸、刘伶、刘叉、徐文长、李贽、金圣叹、龚自珍之流。他们藐视权力、世俗与礼教，行为叛逆而血性清狂，如果天下太平，他们就烂醉烟花；如果天下有乱，他们就会像基督教中那些疯狂的先知一样，挺身而出为人性的自由说话。

鲁迅就是一个"狂生"，而嵇康则是"狂生"的老祖宗之一。

鲁迅本是个大忙人，而他在繁忙的叛逆生命中，竟然能潜心十多年，一个字一个字地抄写整理一部古书——这说明他骨子里还是一个恋旧的文人。二十世纪初，意大利艺术流派"未来主义"出现时，曾写出《宣言》号召全世界的艺术家、诗人与文学家行动起来，把博物馆和图书馆都一把火烧掉，以便重新创造一切。鲁迅当时是受到过未来主义思潮影响的。我想,鲁迅乃至嵇康这种人,本都是某种"未来主义者"。

但鲁迅为什么还要抄古书?嵇康为什么还要弹古琴?

因为物质的"旧传统"可毁灭,而精神的"旧传统"却无法毁灭。因为"传统"这个词语有时候并不是指历史文化,而是指血统文化。也就是说:只要你是这个民族的人,有些东西你生来就是如此,是改变不了的。在一切血统的审美倾向里,其实没有了古代,也没有了西方与未来,只有一个自由的态度——那也就是所有中国文人永远都无法叛逆的艺术定理:境界。

哭之笑之

线装蓝印本《八大山人诗钞》

（明）朱耷

1986年版

　　古人常说："天之道，损有余而补不足。"

　　艺术上能充分表现此理的，莫过于大写意泼墨画；而说到大写意画，无论山水、花鸟、人物、鱼石乃至书法……近古之后，除徐渭外，明末僧八大山人朱耷的作品早以其大纯大空意境，华盖天下涂鸦者，至今无人能出其右。他启示录般的泼墨气势，甚至影响到了今天的抽象艺术。

　　汉语是象形文字，自古有字画同源之说。

　　画家为诗，在古代也是很常见的事。

　　唐人王维在《山水论》中早就提出"诗中有画，画中有诗"的艺术思想。元明清后的画家中，诗学造诣超绝者亦多有，如赵孟頫、唐寅、祝枝山、文徵明、郑燮、黄慎之流，非但领丹青风骚，也多有抒情吟咏之作。

　　八大山人是明末画坛"四僧"之一，而他的诗，也是禅诗一流风骨。

　　世传他"有诗数卷，藏之箧中，秘不示人"。山人逝后，诗亦失

传。如：

> 人坐秋树下，
> 月在秋树上。
> 若吟落叶空，
> 瘦影自相向。

此绝句为其《题画山水》，似此之作，八大画中满纸皆是。

1964年，一个叫汪子豆的江南人广罗收集八大山人各类题在画上的诗，以及散落在乱书中的长短句，集腋成裘而为一书，名曰《八大山人诗钞》。其中收录着山人的题山水、题游鱼、题牡丹、题木瓜、题飞鸟、题画石等画诗，还有一些纯粹的诗和许多"无题"之作，皆出笔大气，跳脱无羁，直追寒山拾得与赵州古佛之诗风。1986年，此书由江西人民出版社线装影印出版蓝印本，收山人遗诗二百二十首。这大约也是明清以来第一本关于这个画僧的单行本诗集。

单卷一册，飘落人间，如山人平生气质：单薄、幽怨而孤冷。

1986年是八大山人诞辰360周年，也是中国现代美术史上激进的一年。因为"八五思潮"刚过去，许多西方艺术中的新流派主义，正越来越受到人们的关注，譬如六十年代深受禅宗影响的所谓"极少主义"。1985年底，中央美术学院的人还在北京大街上搞了第一次"二十一世纪现代艺术展"。抽象、先锋与怪诞的东西正在像斧子一样，劈开传统的中国人思维之门。

这时候，出版像《八大山人诗钞》这样的书，是很难引起注意的。

当时更是很少有人懂得在"国粹中去发现先锋元素"。

如今我手中的这本书，是十年前在旧书店寻得的。书影简朴，宣纸陈旧，扉页上影印了本属于他画上的签名，尤其令我感动。众所周知，"八大山人"四字，在他很多画卷的草书下，看起来极似"哭之"或"笑之"二字。

为什么会这样？他想说明什么？

难道是残酷的生活、倒悬的命运，与大自然中那些空灵的美，让他进入到一种神秘的"慈悲"境界——啼笑皆非？

朱耷（1626—约1705）为明南昌弋阳王孙。他少年时代过着贵族生活，但十九岁那年却因亡国之祸，从此潦倒山林，直到八十岁去世。对自己身世的顾影自怜，使朱耷甚至有一种自渎的情结。他曾自号个山、个山驴、驴屋、人屋、八大山人等，从禅宗思想上"诋毁"自己的肉身价值，贬损自己的存在，视自身为粪土。类似欧洲中世纪基督教的"鞭身派教徒"，其内心之痛苦压抑可见一斑。他先遁入空门，后又进道观，浪迹荒野，但他对自己血统的意识，对汉族亡国的哀伤，并没有因为对佛道的信仰而退化。最后，他依然归依为"儒士"。如他在暮年的一首诗：

我是孔门真朽木，
怕听人唱后庭花。
闲情写向青山里，
却被青山一面遮。

八大山人的诗和他的画一样，寥寥几笔，却勾勒出大悲大喜，所谓"墨点无多泪点多"。其实什么叫"极少主义"，八大的诗与画，就是最完美的极少主义。如果"天之道"真的是"损有余而补不足"，那么其损在物我，补在精神的伟大体现，也就像八大所写所画的一座山、一条鱼、一朵花或一枚残破印章一样，永远是最纯粹的美。

大半生的落魄与悲怆，让他又哭又笑，混一了他的圆满。

太阴有缺，日中则亏——还有什么比这更完整的呢？

楚　狂

《屈原赋校注》

姜亮夫注

1958 年版

　　据说，诗人都是"疯子"。疯就是狂。广而言之，历史上大凡成就斐然的领袖、艺术家或僧、道、教徒、智者，都是不同程度的疯子，即"准精神病患者"或者"狂人"。这所谓的"狂人"，并不仅指生理上的，而往往是由于个人生活的失败、经验的积累或者人生中一些残酷的打击，在他们心中留下情结，然后这情结又导致他们对社会的叛逆。

　　在古代狂人中，尤其彻底的，当数"楚狂"。

　　如第一个敢于讽刺孔子的人就是"楚狂"接舆。《论语·微子》云：

　　　　楚狂接舆歌而过孔子曰："凤兮凤兮! 何德之衰? 往者不可谏，来者犹可追。已而已而! 今之从政者殆而!"孔子下，欲与之言。趋而辟之，不得与之言。

　　屈原也算是战国时代的一个"楚狂"，是楚国乃至于上古华夏的第一个重量级诗人。他否定的不仅是儒家孔门，而是整个文明，包括道家。

他是中华帝国政治体系与文明特征的叛逆者，是异端，他对这个民族的劣根性感到绝望，彻底否定"成王败寇"哲学并走向自杀。屈原为什么要自杀？从历史上来讲，有一大堆政治原因，如国家问题、楚怀王的糊涂、上官靳尚的嫉妒、郑袖的谗言、张仪的诡辩等……但都不是他使自己肉身走向毁灭的根本。

屈原的自杀是对这个民族本质的告别，是对这个文明体系的否定。

他死之前，把自己一切所想都写成了楚辞、诗赋。而在所有"屈赋"中最伟大的，则是《离骚》。在《离骚》的最后一句里，屈原说：

> 已矣哉！国无人莫我知兮，又何怀乎故都。既莫足为美政兮，吾将从巫咸之所居。

还有什么比这种思想更绝望呢？

一个最热爱自己国家的人最后连国家都不要了，走向神秘主义。

发完了牢骚，写完了诗，剩下的就是行动：沉江自杀。

因为"绝望"本身，内不能挽救理想，外不能挽救文明——它只是一个士大夫的良知与情绪，只是一首诗。

在现代的喧嚣中，今天已经很少有人读《楚辞》了，更少有人愿

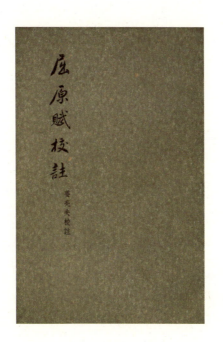

屈原賦校註

姜亮夫校註

意潜心思考屈原自杀的原因。但屈原的死恰恰是这个民族最中心的伤口：良心。我收藏着的这本1958年反右时期出版的《屈原赋校注》，是近代一个很杰出的大学者姜亮夫先生注释的。扉页有一幅白描的屈原像，所有的注释字号都很大，与原文一样。但此书没有再版过，也许因为赋的晦涩、注释的烦琐，也许是因为有心读古诗的人大多选择汉魏六朝以后的作品。

人们就像忘记司马相如、宋玉或贾谊一样，忘记了屈原。

但屈原是可以忘记的吗？难道说他的价值仅仅就是文学价值？或者仅仅就是《史记》里那个被陷害的楚国忠臣、左徒、三闾大夫？

有时候想起来是可怕的……两千年过去了，中国再没有出过第二个屈原。再没有一个既对这文明提出质疑，又走向自杀的诗人。（就是1989年那位少年天才海子的死也完全是因为诗歌与生活，而非对文明绝望。）唐时李白可算是华盖天下的狂人了，也不过就是写了"我本楚狂人，凤歌笑孔丘。手持绿玉杖，朝别黄鹤楼。五岳寻仙不辞远，一生好入名山游"等诗句，而一旦皇帝有话，他也会立刻进宫当一个臣子。李白是道家的，不可能自杀。中国历代诗人精神都可以归类，唯独屈原——从没人敢说他是什么"家"。

屈赋里的大气意象很多，如"登昆仑兮四望，心飞扬兮浩荡"。

再如《九歌·国殇》："魂魄毅兮为鬼雄。"

什么是鬼雄？鬼雄的特征只有一个——那就是"独醒"。是超脱死亡的，对文明的愤怒：宁为冤鬼，不为走肉。如《渔父》中所云："举世皆醉我独醒，举世皆浊我独清。"屈原的伟大就在于，他既不承认儒家法家的制度，甚至连"渔父"那样的道家逍遥派也拒绝了。或许因为纵横家张仪之流的小人哲学，舌辩之士也来自道家鬼谷子的思想吧。总之，他并不认为无为、空灵或隐居就是高尚的、智慧的。这孤独的醒觉——是多么恐怖！

在帝国文明与战争的混战中，他看到了一个满世界是市侩、懦夫与小人的天下。他觉得天谴闪电，无处可逃。

鲁迅也算是个"狂人"，是半个屈原，他曾将"屈赋"作为《彷徨》一书的题词写在封面上，还曾说中国就像个无门无窗的铁屋子，所有人都在酣睡。这时候，那第一个醒来的人就是最痛苦的。的确，鲁迅的"独醒"可以和屈原媲美，但鲁迅毕竟也没有自杀——他还带着最后那一点"狂人日记"的希望：要"救救孩子"。但如果是这样可悲的文明，这样恐怖的传统，孩子救得了吗？我还记得近代另一个曾被迫害，现已故的老作家聂绀弩先生曾云："孩子，救救我们。"他说的"我们"是谁？我想，就是所有这些把屈原遗忘，活在麻木与奴性文明中的大人们吧。

怀古与麻醉

线装本康熙年刻版《温飞卿诗集笺注》

（唐）温庭筠

清末

> 幽人寻药径，来自晓云边。
>
> 衣湿术花雨，语成松岭烟。
>
> 解藤开涧户，踏石过溪峰。
>
> 林外晨光动，山昏鸟满天。

这是唐人温庭筠的诗，是他心中的古代中国山林景色。

古代，这个词在中国几乎不是一个"历史"名词，而是形容词。

中国人有一种意识：但凡有东西沾染了"古代"的内涵，若不是文物，那也意味着好。因为除了犹太人，世界上恐怕再没有第二个民族，像中国人这样热爱自己的过去，几乎把所有的民族往事，无论优劣、善恶、荣耀或愚昧，都看作是完美的传统、世袭的文明、血写的高贵。

祖先崇拜有两种：一种是偶像膜拜；还有一种，如罗曼·罗兰对中国文化的评价："那是一种渴望与死去的亲人终有一天要团聚

溫飛卿詩集卷一

山陰　曾益　子謙　原注
蘇州　顧予咸　小阮　補注
男　顧嗣立　重校

雞鳴埭歌一作
　　　　至女

南朝天子射雉時
光風吹陌御溝寒
耿耿星參差
銀河

的情感。"

中国人对古代的情感，就是一种与大自然同在的祖先崇拜。

而在一切书本中最具备古代美的，自然是古诗。

小时候在课堂上背唐诗，一点也不觉得好。不仅是因为课本上选得少，翻来覆去那几首，听烦了，还有就是实在想象不出那种意境。因为我们今天生活的这个时代无论在精神、物质，在大自然与文明的纠葛中，都已经与古代相去太远了，几乎背道而驰……后来有一年，我在感情上很失落，偶然在琉璃厂线装古书店，出血价买了两册康熙年间刻版的善本《温飞卿诗集笺注》，那书纸张已经黄脆了。回家后，突然读到"蝶高飞有伴，莺早语无双……从来共情战，今日欲归降"的诗句，才感受到唐人意境的纯美，直刺骨髓。

法国诗人瓦雷里曾把诗句比喻为音符，认为"当一个乐音响起来时，哪怕只有一个，却可以带来整个音乐世界"。因为乐音声波与杂音世界完全无关。

古诗也如此：有时一句古诗，其实就代表了整个古代。

如果现实世界让我们痛苦，那一旦读了古诗，就等于去了另一个世界。可以说是一字一山水，一词一朝代。

温庭筠，原名岐，字飞卿，并州祁人，是唐朝诗人、词人，两《唐书》都有传。他善鼓琴吹笛，如《旧唐书》中说他"能逐弦吹之音，为侧艳之词"。在当时与李商隐齐名，并称"温李"。而《北梦琐言》中记载他"才思艳丽，工于小赋，每入试，押官韵作赋，凡八叉手而八韵成"，所以还被称为"温八叉"。古代文人如曹植有数步成诗之说，而如温庭筠这样八叉手而成八韵者，却是海内独步。他有这样的诗句：

> 月中一双鹤，石上千尺松。
>
> 素琴入爽籁，山酒和春容。
>
> 幽瀑有时断，片云无所从。
>
> 何事苏门啸，携手东南峰。

我最爱"幽瀑有时断"一句，真是比泼墨画还深刻的意象。

有此一句，古代山林的壮丽空灵豁然眼前，你几乎能闻到悬崖中瀑布坠落时泛起的水腥味。

不仅是诗，温庭筠还是第一个把"词"作为正式文学体裁的诗人，有"千万恨，恨极在天涯"等名句。后来著名的《花间集》收了温词六十六首。词这种文学形式，是到了他手里才真正被重视起来的，随后五代十国与宋代文人竞相为之，温庭筠遂被誉为"花间派"鼻祖。但不知为什么，我仍然更喜欢他的诗。大约这本《温飞卿诗集笺注》跟随我的时间太久了，二册九卷，封面无题款，只有扉页上有篆字印。装订它的棉线已经发黑了，边角也有不少磨损，可对我始终充满了神秘的吸引力，好像满纸都是古代的落叶。

书中的好句子也是俯拾即是，如：

> 虚阁披衣坐，寒阶踏叶行。

> 苍苍松色晚，一径入荒祠。古树风吹马，虚廊日照旗。

移病欲成隐，扁舟归旧居。

病眼逢春四壁空，夜来山雪破东风。

　　温庭筠是一个很有颓废气质的古代墨客，其诗中多写病、雨、旧、幽、残等忧郁的意象，令人想起英国十九世纪那些所谓"湖畔派"诗人。二十世纪西方象征主义诗人如艾略特、里尔克等人都曾云：诗不是情感，不是记忆，甚至不是宁静，而是一种对生活经验的集中抒情。如果说中国人都有一种特殊的、对"古代"的生活经验，那便都集中在古诗里了。有人说读古诗是麻醉自己的灵魂，也许吧，但如果这"怀古"的麻醉能安慰现代中国的创伤与喧嚣，我倒觉得再没有比这种麻醉更接近善与激情的艺术了。

圣代无隐者

《唐人选唐诗(十种)》

(唐)元结、殷璠等

1978 年版

记得胡适先生曾说,唐朝是一个"被印度化了的朝代"。这话并不准确,只是站在佛教兴盛的角度来说的。几千年来,中国所谓的朝代有几十个,但没有一个朝代真正被别的文明"异化"过。其宫廷体制都是法家的,而民间本质都是道家的。就连五胡乱华的南北朝、元代或清朝这些被异族统治的朝代,最终也被同化了——成了一些伪儒家体制。

"圣代无隐者,英灵尽来归。"这是李太白的诗,可概括盛唐气象,荣耀中古帝国如花的雄浑。

唐朝是中国人的美最圆满、最绚丽的一次释放。

但最能代表唐朝与"唐人之花"的其实不是佛教,不是敦煌莫高窟,不是什么"安史之乱"的特殊事件,也不是唐三彩、雅乐或武则天的无字碑……而永远是:唐诗。

如辜鸿铭先生所说:"诗才是中国真正的宗教。"

没有一个民族像中国人这样拥有如此多的古诗。

更没有一个民族会把诗当成一种"国教",把伟大的诗人则当作一种艺术上的教父去尊敬。

只有在中国，自孔子删《诗经》之后，几乎每个识字的古人，都要写诗。诗几乎是一种文化通行证。从皇帝开始，一直到官僚俊杰、士人秀才、山野村夫、空门沙弥……每个人都会写，并以诗为衡量别人才华的准则。而到了唐朝，这一准则达到极限，成了一个朝代的象征。谁不知道李白让太监高力士给自己脱靴的故事呢？

唐之大诗人多矣。如崔颢一句，李白挂笔；杜甫、刘禹锡则儒风典雅，勘破世情；王维"诗佛"，长啸竹林，卢纶英雄，雪满弓刀；王昌龄、储光羲是大夫气度；孟浩然、李商隐为情中王侯；李长吉世称"鬼才"；白香山自论"淫诗"；其他如杜牧、戴叔伦、钱起、寒山、拾得、王梵志、释皎然之流，也不输雄才风骨，空门意境；而令狐楚、岑参、高适等，亦为写人生成败之大手笔。

夫古代诗人之本生，如殷璠在《河岳英灵集》中论唐朝大诗人常建所云："高才无贵士。"

诗人是精神意象与美的挥霍者，不是达官显贵。

这挥霍使他们不可能附庸权势，不可能太富有，但又始终不是什么"穷人"。诗人更像是"外星人"，精神贵族，存在于世只是一种自然现象。唐诗中的好句子如漫天牛毛雨，纷落千年……我记得小时候在重庆小学堂里，被老师要求背唐诗，就是那首每个中国孩子都会背的"春眠不觉晓，处处闻啼鸟。夜来风雨声，花落知多少"。那时候完全不懂这诗有什么好，觉得很枯燥，太简单，与我在童年的幻想简直毫无关联……如今二十多年过去了，才忽然领悟到这里面伟大的"性情"二字，与大自然交相辉映的魅力。

唐人選唐詩

十種

因为"春眠"、"风雨声"与"花落"，古代都可以指性。

唐朝几乎没有什么"伟大的隐士"。大家似乎都出来了，疯者自疯，狂者自狂，那个社会给了诗人一个最大最有包容性的空间。

唐诗的版本很多，自古以来，多有选集。但是最好的，还是唐人自己的选本。如1978年出版的上下两册合订本《唐人选唐诗（十种）》。此书为小开本，非常朴素，扉页还有许多幅原本图书的黑白照片。而且书里所谓的"唐人"，本身就是唐朝的诗人。其中最重要的，如令狐楚的《御览集》、韦庄的《又玄集》以及殷璠的《河岳英灵集》。而芮挺章的《国秀集》则选了很多当时在朝为官者的诗，每个诗人竟然都有一个官僚头衔，包括孟浩然与崔颢。相对《全唐诗》的浩瀚来说，《唐人选唐诗》无疑是一个相当精髓入骨的选本——因为这个选本是后人无法做到的。它比清朝沈德潜之《唐诗别裁集》要细腻入微，又比《唐诗三百首》要宽泛，更接近当时的时空美。

譬如其中收有一首杜牧写给张祜的诗云：

　　睫在眼前长不见，道非身外更何求。
　　谁人得似张公子，千首诗轻万户侯。

侯门与空门，对诗人都不再有吸引力，这只有在唐朝是如此。

夫古人处世或创作，皆强调"采其大旨"，也就是提炼。

孔子"删诗书，定礼乐"，又云："知我者春秋，罪我者春秋。"可见，编书本身也是一门艺术，不亚于写书本身。这也是此选本之所以伟大精绝，而别的唐诗选本之所以庸碌的原因。

"走 马"

《杜诗镜诠》

（清）杨伦笺注

1980 年版

天下诗唯杜甫有杜诗之学，而其他诗人皆无。

杜诗的博大精深如后世之"红学"，自唐朝以降，为历代士人所爱。唐前，唯屈原一人可与之并论伯仲，如金圣叹批《六才子书》，二者排行第一与第四，而唐之后，至今尚无来人。

许多人小时候读古诗古词，多喜欢李白、苏轼或辛弃疾，不爱杜甫。因前者多放达旷逸的抒情作品，海上骑鲸客、惊涛拍岸雪，甚至"无穷宇宙，人是一粟太仓中"，读来浅显易懂，英雄气足。后读书日渐多了，大话空话也就习以为常，不觉得多么惊人地好了。夜深人静时，心里厌倦了世情的无聊，偶然翻阅老杜甫之书，读到"我本性放诞，雅欲逃自然"等句时，方觉当年胡适之所言不虚："杜甫才是我们的诗人。"

杜甫之诗，字字是血，的确是"下笔惊风雨，诗成泣鬼神"。

杜甫潦倒的悲剧，也是古今很多文人共同的悲剧：贫、病、愁、恨，却又对天下万物与山林之美充满激情。

如读"检书烧烛短，看剑引杯长"或"感时花溅泪，恨别鸟惊心"之句，年纪越大，越觉每个字都那么精彩绝伦，暗藏无限故事。难怪后来有人说杜甫的诗，每个字都有出处。还有很多古代文人竟然牵强附会注释"杜诗"，把他的每行诗都与某个历史典故联系起来。众多的"杜诗"选本中，唯清人杨伦的《杜诗镜诠》最精练与纯粹。

我最爱的杜诗选本，是1980年版的杨伦《杜诗镜诠》，因为它干净。不像现在很多古诗图书，又是彩色，又是白话注释，显得很"脏"。杜甫之灵魂的干净是一种朴素的干净，如布衣、如草堂、如宣纸的那种干净；而杜诗之干净则是一种山林野鹤的干净，一种落日之光的干净，所谓：

> 落日在廉钩，溪边春事幽。
> 芳菲缘岸圃，樵爨倚滩舟。
> 啅雀争枝坠，飞虫满院游。
> 浊醪谁造汝，一酌散千愁。

杜甫和屈原一样，是敢于蔑视伪道家之懦弱的诗人。他曾讽刺陶渊明："陶潜避俗翁，未必能达道。观其著诗集，颇亦恨枯槁……"而他最关心的则是连年的战争、人事的变化、众生疾苦、衰老、田园和孤独这些世界诗歌中永恒的命题。在西方近代抒情诗人中，也许只有奥地利的里尔克与杜甫可以持平境界。记得冯至先生当年写《杜甫传》时说："无论在多么黑暗的统治下，这些诗都不会停止放射它们的光芒。"

杜詩鏡銓

的确如此，杜甫的本质与李白一样，是英雄。他曾写过《梦李白》二首，但他不像李白那么张扬，也不愿意为了政治抱负与权贵妥协，他是一个"内向的英雄"。所谓"敏捷诗千首，飘零酒一杯"。他是可以观察生活细节的"腐儒"，可以在"老妻画纸为棋局，稚子敲针作钓钩。多病所须唯药物，微躯此外更何求"的境界中了此残生，而又满怀着对世界悲剧之孤愤的诗人。

　　所以，越是在黑暗的时代，杜甫的光辉就越会显得耀眼。

　　杜诗中还充满了如春水、琴台、病橘、花鸭、江村、晚晴、恶树、幽人等等这些看似宁静的元素，因其晚年在蜀中居住，华阳天府诡异雄浑、猛川横流的大自然景色，使他也将这些写进了本是描写唐朝乱世的那些叙事诗中。但遗憾的是，穷困潦倒再加病痛，最终还是毁灭了他。他的后半生几乎一直在流亡的船上度过。就是死，也是死在洪水之后的一艘破木船上。

　　古今才子念之，皆为之同哭。

　　老子云："天下有道，却走马以粪；天下无道，戎马生于郊。"如果说杜甫是中国千古诗人中最伟大的"走马"之一，那么我简直不知道堪称"有道"的唐朝究竟是个尊敬诗人的朝代呢，还是个诗人实在太多太无用了，连"诗圣"杜甫也只有饿死的朝代。

　　如果不是，那我们又把唐诗当作骄傲来干什么？

　　我自己也是从十三岁开始写诗，多年来从不曾放弃做一个诗人的理想，不曾间断写作。但很多年过去了，如今的诗与诗人们又是些什么东西呢？长吟杜诗，饮恨文心，有时忽感于古今世态炎凉如此，也不觉子夜失神，展卷啸哭。

文妖残卷

插图本《薛涛诗笺》

（唐）薛涛

1983 年版

人云：女诗人必须美貌，否则可不做诗人，只做女人。

此言残酷。英国女文学家弗吉尼亚·伍尔夫曾在《一间自己的屋子》中探讨了女诗人在古代受到的封锁，她设想莎士比亚如果有一个同样才能的妹妹，社会也不会承认她。但是只要有"一间自己的屋子"，潜心写作，就不会被埋没。古代女诗人是最艰难的天才，所以她们的天才就更伟大。

论到古代中国被埋没的女诗人，也许太多了，反而无从说起。

但说到女诗人的代表，自汉朝蔡文姬伊始，后世恐怕只有三个人可以与之相提并论，即唐朝薛涛、宋朝李清照以及明朝柳如是。其他如班婕妤、杜秋娘、苏小小、贺双卿等，虽也都才华横溢，但论到诗文之精深，论到作为"女史"的磅礴大气与"红颜"的芬芳排侧，也许除近代秋瑾一人外，皆不可同日而语。

薛涛爱红色，故《薛涛诗笺》中最好的一句，人皆爱读："前溪独立后溪行，鹭识朱衣自不惊。"这是一种与大自然融为一体的古代女性美。而她有些诗甚至接近禅意："花开不同赏，花落不同

悲。欲问相思处，花开花落时。"我最喜欢的是她怀念李白的一首
《西岩》：

> 凭栏却忆骑鲸客，把酒临风手自招。
>
> 细雨声中停去马，夕阳影里乱鸣蜩。

薛涛诞生的那一年，杜甫正好去世。

现在想起薛涛其人，就好像是晚唐仕女图中一个花魁般绝美
的艺妓，譬如五代画家顾闳中之《韩熙载夜宴图》里那个弹琵琶的
美人……但是薛涛不仅仅是一个美貌的女诗人，而且是一个奇迹：
因为她在生前就是位被饱受礼教熏染的帝国文人、士大夫们所承
认的女文学家。由于薛涛在中唐时期显赫的女诗人、才人地位，以
及她本身的精湛天赋，当然也包括她的妓女身份，所以当时人称她
为"文妖"。这有点像法国诗人波德莱尔将笔下那些幽雅的妓女称
为"恶之花"一般。在古代阴森与唐朝奢侈华丽的背景中，这"文
妖"之美尤其显得绚丽夺目。而薛涛气定神闲的古代"女史"气质，
丝毫不亚于西方那些伟大的女诗人，如萨福、勃朗宁夫人、阿赫玛
托娃、索德格朗、普拉斯、莱利·萨克斯或者米斯特拉尔。

遗憾的是，据考证，"薛涛笺"本世传诗五百余首，但大部分散
失了。

今天我们在各处看到的，加在一起也只有九十一首，是为"文
妖残卷"。也就是我手中收藏的这本1983年版的《薛涛诗笺》。这
个插图本还收有一幅张大千的工笔画《薛涛制笺图》，有薛涛的书

薛濤詩箋

法遗迹照片，以及各类线装古书上关于薛涛的记录的影印图片等。作者张篷舟，自民国起开始整理此书，历经七十余年，将薛涛最详细、最丰富的有限资料一一汇总了，其中甚至包括对薛涛传、薛涛笺、薛涛坟、薛涛酒、薛涛井以及薛涛字等的考证。

目前为止，这可说是唐朝以来最完整的"薛涛全集"。

记得曹雪芹曾在《红楼梦》第四回中，把天下高贵俊逸之气分三种，一种是英雄，一种是奸雄，都来自乱世，还有一种是平安时代的，就是"情种"。其中罗列了很多古代最伟大的"情种"艺术家，如宋徽宗、柳永、石曼卿、米芾、红拂、朝云之流，自然也包括这位薛涛。

说薛涛是"情种"一点也不过分，因她自幼才情孤苦，又香艳迷人，父亲死后入官府乐籍，充当艺妓，不得不多与军官等人相交。尤其是当时的南康郡韦皋。韦皋镇蜀，有南越人送来孔雀，薛涛力劝韦皋养之于庭院，后来白居易等人多写诗吟咏此事。也许是韦皋太喜欢薛涛了，所以当时凡有人想接近韦皋，都必须先贿赂薛涛。后来薛涛十六岁脱了乐籍，到成都西郊浣溪沙隐居，种了满门的琵琶花，时年二十岁，开始了更正式的女诗人生涯。

而她真正的情人，却是唐诗人元稹。元小她近十岁。

元稹是后来那部爱情圣典《西厢记》之原形，小说《会真记》的作者，其诗其文，在唐朝时与白居易齐名，称"元白"，也是一个不世出的"情种"诗人。元稹爱薛涛，多有写诗唱和。而薛涛则写得更多，且每一首诗都写在自制的深红色纸笺上，时人称"薛涛笺"。元稹死后第二年，薛涛就去世了。据本书所收各类资料表明，薛涛自与元稹相爱后，虽未成眷属，但终生心系之，所以至六十三岁死，一直都没有出嫁。二人之情，堪与《西厢》之张君瑞、崔莺莺相比耳。如古人云："薄命千年恨，芳心一寸灰。西厢旧红树，曾与月徘徊。"

如今，薛涛坟依然在西蜀成都锦江边川大校园内，荒草丛生。

美人迟暮，残唐烟尘，古墓犹在，去国无哀。现在很少有人再去"凭吊"什么古代女诗人了，更很少有人还想得起来去读残卷"薛涛笺"。我以为，中国人若无怀古之幽情，亦必无真正好的理想。有也是灾难。所谓"察往而知来"。薛涛之美，也只有让那些最孤独的人心仪了，如清人所咏：

乌鸦啄肉纸飞灰，城里家家祭扫回。

日落烟村人不见，薛涛坟上一花开。

长 恨

《南唐二主全集》

管效先编

江绍原印藏·民国十九年版

古人云:"自古帝王多寂寞。"皇帝,其实就是一个奢侈的孤独者,所谓"孤家寡人"。

"咽绝风前思,昏蒙眼上花。空王应念我,穷子正迷家。"

一个皇帝,却自称"穷子",千年以来,人们都为李煜的天赋惊异,也为他在帝王生涯中遭遇的悲惨而伤感。

在中国历史上,父子是天才一流诗人又是皇帝的,除曹操父子三人外,就是南唐二主了。其实,早在最初,南唐的先主就已经显露出诗人天赋。据《诗史》记载,南唐后主李煜的祖父李升,在九岁时就写过一首《咏灯》诗,云:

> 一点分明值万金,开时惟怕冷风侵。
>
> 主人若也勤挑拨,敢向尊前不尽心。

这种天赋遗传了三代,在后主李煜身上则终于光辉四射,成就了一个完美绚丽的君王诗人,同时也断送了帝国。"独自莫凭栏,无

南唐二主全集

管效先端

限江山……"李煜最后对失败的哀叹,与他的美融合为一体,把一种自他祖父、父亲直到他身上的诗人血统之美,把一个皇帝失去宫女、权力与奢侈后的伤感,倾诉得那么地壮丽、颓废而又无比醉人。他的好诗太多了,如:

> 浪花有意千重雪,桃花无言一队春。

> 春花秋月何时了,往事知多少。小楼昨夜又东风,故国不堪回首月明中……问君能有几多愁,恰似一江春水向东流。

> 车如流水马如龙,花月正春风。

> 别来春半,触目愁肠断。砌下梅花如雪乱,拂了一身还满。

> 金窗力困起还慵。

而最美的一首自然是他的绝唱《破阵子》:

> 四十年来家国,三千里地山河。凤阁龙楼连霄汉,玉树琼枝作烟萝,几曾识干戈?一旦归为臣虏,沈腰潘鬓消磨。最是仓皇辞庙日,教坊犹奏别离歌,挥泪对宫娥。

后有人因此诗嘲笑李煜,说他就是到了最后辞庙流亡时,眼泪也还是朝着红颜宫娥流的，而非江山社稷，真是昏庸得可以。但也正因为此，他却无意中成了伟大的诗人，感人的"情种"。否则，就会如三国刘禅那样什么都不是了。

一种女性气质，使得五代残唐时这个败军的帝国领袖如此幽雅，多少朝代过去了，人们并不因他在政治上的失败而蔑视他。相反，李煜和多情的陈后主、才华横溢的宋徽宗、痛苦出家的顺治帝一样，受到一切审美者的爱。后主不仅通诗词，也精于书法、六艺，因为他的锦绣文章、飘逸香句和悲剧命运，后人还将其与那位毁灭了他，夺得南唐江山，乃至整个残唐天下的宋太祖赵匡胤相比，并称二人为"绝代双雄"，一文一武。

李煜的父亲，南唐中主李景通，也是极有文艺才华的皇帝。

譬如他的写景诗句："苍苔迷古道，红叶乱朝霞。"

不过李景通比起他儿子来，却有差距。因李煜的文笔在中国文学史上的影响是相当深远的。他写的关于其夫人小周后爱情的香艳诔文《昭惠周后诔》，其实就是曹雪芹后来在《红楼梦》中写悼念晴雯那篇"芙蓉女儿诔"的原型。李煜四十二岁时，因写"小楼昨夜又东风"诗，被赵光义认为怀复国之心，赐毒酒而死。《十国春秋》又云小周后是在李煜死后才悲痛而亡的。

李后主的美，就是长恨落花的美——因凡真实的花就总是要落的。如他自己所谓的"林花谢了春红，太匆匆。无奈朝来寒雨，晚来风。胭脂泪，留人醉，几时重，自是人生长恨，水长东"。

我手里的《南唐二主全集》，是民国十九年（1930）商务印书馆所出版，纸张早黄了，封面就有一幅"小楼东风"的版画，看来十分让人伤感。

此书还有一珍贵的收藏价值：扉页有民国学者江绍原的印。

江是周作人的学生，算是民国一位学术怪杰，本是研究宗教学的，曾写出过谈论中国民俗的著作《发须爪》，详细分析与阐释过头发、胡子与指甲在中国历代的文化象征，在中医里的医疗作用，以及一些神秘的风俗。在旧书店偶然买到江的私人藏《南唐二主全集》一书，是我没想到的——我忽然觉得读书人是如此的"可怜"。人们自以为那些必定属于自己的东西，哪怕是最轻微、最朴素的一本小书，在百年之后，也终会漂流散失，更何况是江山帝国！没有永恒。这也正如南唐中主在他的词里说的："风里落花谁是主，思悠悠。"

李后主一生怜香惜玉，长恨江山，虽为败君，也算情圣。

不像有些帝王领袖，生前富甲天下，暴殄人间，终也不过是无常门下的鬼，什么也带不走的。

舌战主义者剪影

图表本《马王堆汉墓帛书：战国纵横家书》

马王堆汉墓帛书整理小组编

1976 年版

公元前 285 年，燕国军事天才乐毅，率领五个国家的军事势力忽然举重兵同时攻打齐国，连下七十二城。齐国举国哗然，一片惊恐。齐王一直听信苏秦的话，以为燕国不会侵略自己，这时则勃然大怒，将曾纵横于战国时代多年的纵横家苏秦处以五马分尸的"车裂"之刑。苏秦一生最重要的本来是为燕王做间谍，最后自己也被反间计所害，有人诬陷他"阴与燕谋齐"。

据说，他在死前其实是已被嫉妒他的人刺杀得半死了，于是他出了个车裂自己，奖赏刺客以寻找凶手的计策。后来刺客果然出来领赏，于是被齐王抓住杀掉，为苏秦报了仇。

不过这些典故的时间顺序是我后来才知道的。战国史乱七八糟的关系，使人真假莫辨。

苏秦在我童年的记忆中，一直是一个很霸道却又很伤感的英雄。从小，我就听父亲讲过他在贫困与妻嫂的白眼中夜读太公《阴符》，揣摩时局并"头悬梁、锥刺股"的故事。但后来自己读《史记·苏秦列传》《战国策》《东周列国志》，才真正对此人入迷。而且，小时候听说的那些故事，未必是历史。其中很多都是司马迁道听途说或是汉人刘向杜撰的。

苏秦是先秦传说中最神秘的隐士鬼谷子的门徒之一。而隐者王禅（或王诩）这个人是否存在，《鬼谷子》一书是否为汉人杜撰，一直众说纷纭。对于我，苏秦的个人魅力，远比同是鬼谷子门徒的张仪、孙膑与庞涓等其他几人要大得多。原因大约是，他除了仕途上的起伏，还饱尝了许多世态炎凉的酸楚。

据说，苏秦出身是个农民。他在家里读了一本书，然后就凭着自己的三寸不烂巧舌，先到秦国虚晃一枪，再到燕、齐、韩、赵、楚、魏六国去游说君主，宣扬他的政治理想：连纵抗秦。他居然成功了，成了所谓的"纵横家"。"六国拜相"的政治风光，让他在战国时代出尽了风头。

但真的就这么简单吗？我想，他的精神与行为，绝不是靠一个上古哲学门派或什么特殊的政治绝技——所谓"鬼谷之道"就可以说清楚的。

《汉书·艺文志》本记载有《苏子》一书，是后人收集关于苏秦的思想与言行的书。可此书越千年失传，早不见踪影。

直到1973年底，在长沙马王堆汉墓，忽然出土了一大批帛书——也就是汉朝人抄写在丝绸上的古书，其中有一些是记载苏秦言论的。这些帛书被整理好之后，出版为一册，定名为《战国纵横家书》。这在当时仍处于"文革"中的考古与学术界引起了相当大的震动。

马王堆汉墓帛书的《战国纵横家书》，抄写在一张长192厘米、

战国纵横家书

宽 24 厘米的半幅绢帛上，有些字迹模糊了，剩余的共存有 325 行，约 11000 字。帛书古朴残缺，出土时曾断裂为二十四片。但文字基本首尾完整，卷末尚有余帛。这张坟墓里的伟大丝绸本来没有书题，也没有篇题。"战国纵横家书"是整理者最后根据帛书内容所定。由于全书文字避汉高祖刘邦之讳，而又不避汉惠帝刘盈之讳，所以大家猜测其抄写年代，大约是在公元前 195 年前后。

帛书内容分为三个部分：前面的十四篇，都和苏秦有关，是苏秦给燕昭王和齐湣王的信和游说辞。其中第五篇见于今本《史记》与《战国策》。第四篇的一部分，今本《战国策》有而脱误很多。第十五篇至十九篇，其内容主要是战国游说故事的记录。最后的八篇，即第二十篇至第二十七篇，根据其中有关苏秦的游说资料来判断，这应该是另一种辑录战国游说故事和纵横家游说言论的文字。《战国纵横家书》的附录中，还加入了近代几个先秦历史学家的论文与详细的图表，对比了帛书中苏秦的历史与其他历史记载的出入。

纸张发明之前，帛书与帛画是古代贵族文化的零件。因为丝绸的造价昂贵，不像竹简。不过就算买到的只是《战国纵横家书》的"文革"版本，而不是帛书，也已经很让我激动不已了。我激动的自然不是考古学，而是苏秦游说列国，在战乱与诡计的丛林中能弄潮玄虚，狂野飘逸而类似神话的故事。

此书读完，我才知道能做大事者，绝非靠读一本太公《阴符》就可以畅通无阻的。一个书生，能在斧钺横陈、铡刀高举的宫殿里，面对铁幕君主残暴的目光和周围群臣的嫉妒与蔑视，面对随时可能被杀的境遇时，能够将一系列成熟的政治见解潇洒地脱口而出，无论是慷慨高论、指点江山还是撒弥天大谎,这都需要多少特殊的锻炼,多少难以想象的经验与勇气?

《吕氏春秋》曾云:"桀用羊辛、纣用恶来、宋用唐鞅、齐用苏秦,而天下知其亡。"

可见,到秦朝时,苏秦的形象已是一个奸臣,或《荀子》所说的"态臣"。"态臣"就是指言而无信、出尔反尔、狡猾卑鄙的舌辩之士。而纵横家与兵家的关系,几乎等于战争时期外交家与军事家的关系。舌辩与兵不厌诈有什么区别呢?

秦始皇以强权军事混一六国之前的中国历史,其实相当混乱。他焚书时可能也烧掉了不少文献。《战国纵横家书》的发现,改变了过去很多错误的战国史观。这是司马迁没有见过的一本重要典籍。有此书,不仅《苏秦列传》需要重写,就是战国将近一百年的历史可能都要重写。

另外,值得说说的是,苏秦敢于在七个国家复杂的政治纠葛中进行舌战,其实是一种绝对的语言天才与外交天才。这几乎是一种古代战争的"脱口秀"。世界历史上有很多演说家,皆善于此道。譬如拿破仑、列宁、马丁·路德·金、希特勒、爱默生……一直到中国近代的康、梁、孙文等。而能否自由地进行舌辩,纵论天下大势,评说时局,也是一个国家、一个时代民主程度与思想开放的表征。譬如宪法制度与议会制度,都是从辩论开始的。先秦时代的言论是非常自由的。中国所谓"百家争鸣"的传统,似乎三千年来也只有春秋战国算是做到了,之前与之后,能言善辩之士可能会走红一时,但结局基本上都是掉脑袋的故事。

1973 年是"文革"解冻、基辛格访华、全球"冷战"进入后期的时代。

而在 1976 年的中国，读书人居然能在大街上用七角五分钱，买到一本带插图的《战国纵横家书》，今天想起来都简直像是一个怀古的梦境。

但是书就在这里。在我手中。它不是梦。

它质朴的存在，无意中见证了一个国家苏醒的开始。

《给一个青年诗人的十封信》

[奥地利]里尔克著，冯至译

1994 年版

1938 年首版，近六十年后再版的冯至先生翻译的奥地利诗人里尔克的《给一个青年诗人的十封信》一书，是一本伟大且美丽的手册。无疑，在 1994 年出版的所有能温暖我们的新书籍的血液中，这是最重要、最光辉的一滴。

在这本书中，我们看到：惯于在《杜依诺哀歌》《致俄耳甫斯的十四行诗》《祈祷书》《画册》中，用伊斯兰教神祇的口吻说话的里尔克，也在用人的语气说话了，只不过，这不是一般的人，而是导师。

太亲切的声音，往往是忧伤的。

而最深奥的忧伤又必然会显露出纯粹的恬静，抑或我们一时不可把握的严肃。

今日已作古的冯至先生，据说每次外出旅行，都带着一册德语版的《里尔克书信全集》，每当陷入一时难以澄清的孤独，或者一切过度的情绪使他晕眩时，便静静地读上几页里尔克的信。似乎每一次，这个遥远的德语诗人都能用一些近乎奇迹的思想安慰这位东方的老翻译家。对于冯至来说，里尔克和杜甫的一切灵感[1]，都有可能成为他走向自己归宿的指向。当他将古汉语和德语都吃得太透的时候，他似乎看见了语言本身。

较之于台湾，大陆对里尔克的引介来得太慢了。直到《里尔克全集》的汉译本在台湾出版，像冯至、绿原这样的老一代优秀翻译家，却由于种种原因，只译出了里尔克的一小部分作品。笔者就深为冯至先生未能将《布里格随笔》(*Die Aufzeichnungen des Malte Laurids Brigge*) 全书译出而遗憾万分。冯至先生的长逝是这一工程的最大损失。我们再也不可能读到像"摘译"片断那么好的文字了：这种几乎是传神的手笔，唯有旧时代的朱生豪先生的天才可以媲美。

该书对真理的接近，以及对我们后代人类日常生活，对现代乃至未来艺术家们的心理和行为投出的光束，我想是不言而喻的。在宁静的夏日一个雨后的时辰，如果你独自一人坐在一把粗糙的老式藤椅上，刚刚掀开的窗帘还没有来得及更殷勤地迎接空气，而风已经使你的茶水荡起一层晚霞般的皱褶时，你一字一句地读了此书，那么你也一定会对我们宇宙和我们存在的另一种意义略有感知。

生存、寂寞、危险、性、过度的夸耀、子虚乌有的疑虑、无名的事物等等这些几乎是渗透到我们命运中的词语，充斥在书页的各个角落里，就像充斥在大海里的盐。悲哀、爱、安慰、意义和死亡，

1　冯至在翻译德语诗歌的同时，于 1952 年写成《杜甫传》一书。

给一个
青年诗人的
十封信

像是风率领着随后便来的雨一样，率领着每封信的倾诉和吟咏。在二十世纪众多的西方诗人中，我们几乎可以说唯有里尔克一人的智慧接近东方哲学的顶峰。譬如他曾在《杜依诺哀歌·第四首》中写的：

　　　　——或者就让死含在

　　　　圆形的口中，像一颗

　　　　美丽的苹果核仁？……凶手

　　　　容易查出。可是这：死亡

　　　　整个的死亡，即使在生命之前

　　　　也还是那么温柔，从不愤怒……

　　　　这难以言说。

　　这样的诗句难道不会令我们想起我们这个民族最根本的哲学源头吗？难道不会令你想到道家的生命观、胎息的思想、"虚怀若谷"甚至李太白、陈子昂、卢纶和杜牧？想到二十四史中无数的殉者，《列女传》中的寓意和伤感的反抗，《石头记》中晴雯无声的夭折？想到我们自己体验过的友人之死、丧子之痛，失去亲人后对于再生转世和复活的重新认识与那无尽的期望？一本好书赋予我们的，除了阅读它时的恨意、惊奇和享受，更重要的还有对我们已经有过的生命事件和自以为已经完成的精神作出反省。我们往往会发现：我们遗漏了那么多！

　　里尔克的信为我们人的命运细节作了一个大概的展现，他把那些我们多年来疏忽的，本可以支持我们幸福，使我们向着心灵与伟大更靠近的认识，再一次还给了我们。

这绝不仅仅是给一个诗人的十封信。

这些写在二十世纪最初几年的书简，在二十世纪末的东方所起到的无形作用，是别的书无法代替的。曾经有一个朋友对我说："这本小书太美丽了，只是来得似乎稍晚了些。"但事实并非如此。这本书来得并不晚，也无所谓早晚。任何时代读汉赋和维吉尔都不会觉得早或晚。文明并没有成为正在消亡的东西，文明就像这些朴素的信，一直延续着，从我们每个人的心中发源，从我们每个人的手中流过，只是看谁能不惜一切代价将其把握住。既然是在艰难地生活，就必然有一个相对广大和时常有敌意路过的空间，而属性本身会将我们从任何悲痛的境遇下解放出来。狮子非常凶猛，但并不妨碍峭壁上一朵宁静鲜花的生长，尽管它们都处在同一矛盾的原野上。里尔克的思想就是属性的思想，像他自己不厌其烦诉说的自身的孤独，像无花果、镜子、树木、儿童和圣徒，始终在自己可节制的范围内去争取最净化的东西，或如唐人无能子所云："衡无心而平，镜无心而明也。"

这一本仅仅八十五页，三万多字的洁白的小书，使得我们对于近代人性的思考乃至整个文学的定义，都有了比以往更坚定的理由。这个理由直接导致：坚持。因为比起放弃信仰的情有可原来说，持之以恒的美感和勇气更应该属于被尊敬的灵魂。我们仍然还活着的，还在这布满非正义、苦难的人世上创作的人，是应该选择一种通向被尊敬的道路的：那不是荣耀的捷径，而是承受一切的归宿。因为所有想获得进步的事物，都必须摆脱每一处让它已习惯疏懒的处境，进入维新。一言以蔽之：这本伟大的小册子使我们懂得，即使最悲哀的景况降临，也并不意味着幸福与欢乐不会重返身边。对真理与艺术之力的信任，就是胜利的可能。

闲笔

腐儒之美

线装影印"抱经堂原本" 《颜氏家训》

（南北朝）颜之推

民国十二年版

民国十二年（1923）夏天，烈日夺目，紊乱的旧中国出了许多事：国共要合作，前清末代皇帝溥仪把太监全部赶出了紫禁城，而鲁迅出版了让人惊恐的小说集《呐喊》……在大革命狂飙突进的时代，每件事今天看起来都可以说是大事，引起轩然大波，而在当时却好像是些小事，因为每个月都有。那年夏天农历五月，还有一件小事：北京直隶书局影印了一些古书。其中一套，就是这套抱经堂原本线装《颜氏家训》。

鲁迅曾云："古书有毒。"希望国人少读，最好不读。但此话似乎有些过犹不及。因为说这话者少年时本热衷抄古书，此类人多奢谈人心不古。况且，既然那么容易中毒，想必是那人抵抗力太差的缘故。若是真强者，以毒必然攻毒；若是真弱者，无毒也多疾病。如蜈蚣、蝎子与砒霜皆可入药，图书文字关乎精神，其毒在制度，非书本之罪。洪水猛兽，美人画皮，豺狼食腐，蛾蝶畏火，大自然事物千奇百怪，各有所属性，而我看毒性可怕与否，却终在于世道人心。自1919年"五四"之后，读古书之人日益消减，西学渐进。但把文明衰落的责任妖魔化地推给书（尤其是古籍）本身，如今看来却是很不妥当的。

《颜氏家训》为北齐文人、官拜黄门侍郎的颜之推所著，可以说是中古第一本系统地用家学方式阐述天下真理的书，在中国学人中极负盛名，可谓必读之书。虽为腐儒文笔，士大心墨，而它所强调的精神，却正是人本位的。在对人素质的透视上，甚至是接近西方伦理学与"天才论"的，即所谓"上智不教而成，下愚教而无益，中庸之人不教不知也"。它甚至谈到了我们现代人颇为重视的胎教，说"古者圣王有胎教之法，怀子三月，出居别宫，目不邪视，耳不妄听，音声滋味，以礼节之……"

更有甚者，书中谈大自然之精神，也不在现代经验主义科学之下。如：

> 山中人不信有鱼大如木，海上人不信有木大如鱼；汉武不信弦胶，魏文不信火布；胡人见锦，不信有虫食树吐丝所成；昔在江南，不信有千人毡帐，及来河北，不信有二万斛船：皆实验也。世有祝师及诸幻术，犹能履火蹈刃，种瓜移井，倏忽之间，十变五化。人力所为，尚能如此；何况神通感应，不可思量。

此书内敛深厚，影响深远，一直波及唐、宋名家鸿雁之风，乃至晚清名臣曾、左、李等人写家书。难怪后人还称道此书云："破疑遣惑，在《广雅》之右；镜贤烛愚，出《世说》之左。"

而民国十二年（1923）的这套"抱经堂原本"《颜氏家训》很古

朴，线装影印，一函六册，纸页枯黄，象牙扣封，是我在1988年从北京琉璃厂旧书中偶然淘得之物，多年来带在身边，虽搬家多次，却不忍与它有须臾分离。因此版本除卢文弨的功劳外，其注者为乾隆年间另一位忧郁的江阴文士——"瞰江山人"赵曦明（敬夫）。旧书、旧人与旧注，常让我们想起杜诗所云："江汉思归客，乾坤一腐儒……古来存老马，不必取长途。"

善，读书不必求远，但求透彻；无谓猎奇，但求有得。

古书之毒、天道之真与腐儒之美，有时却是一回事，那便是在怀旧中梳理被现实无限压弯的精神困境，以求得同时间、朝代与先贤融为一体的解脱。

"花不可以无蝶"

竖体批注本《幽梦影》

（清）张潮

1992 年台湾版

　　"花不可以无蝶，山不可以无泉，石不可以无苔，水不可以无藻，乔木不可以无藤萝，人不可以无癖……"在明清的性灵随笔中，我最爱者有二：一为张岱之《夜航船》，一为张潮之《幽梦影》。为什么喜爱？大约因为我在阅读上有一个癖好：特别喜欢看闲书。

　　中国的古人们写了很多所谓的"闲书"。

　　既是"闲书"，主要在闲。欲窥其中奥妙，必须无事。

　　在西方，如蒙田随笔、吉辛散文、歌德格言以及自古罗马奥勒留《沉思录》伊始，直到《契诃夫手记》，还有如巴乌斯托夫斯基、拉斯金、帕斯卡尔、普鲁斯特、加缪或罗兰·巴尔特等大家杂文，其中虽也多描写生活、山水与大自然的神性，语出惊天下，蕴涵着深邃的美感，但说到其本质，还是促使人灵魂紧张的文学，是为了表达思想。

　　而只有中国，才有类似《幽梦影》这样空幻的闲书。

　　这是一种不为思想，不为道义，甚至也不为情感而写的书。

　　古代文人到底为什么要写它？或许就是为了写本身，为了活本身。

少年时读《幽梦影》，不懂其中真味。虽略有一丝新愁，半日惊魂，却难以穷书中字句的玄妙优雅。后年久月深，知性渐长而人性渐钝，有时午夜不寐，披衣而起，在灯下展卷，忽然再次读到"清宵独坐，邀月言愁。良夜孤眠，呼蛩语恨"等句子，瞬间百感交集，才知道此书的真好。

人生一世，草木一秋。人来世间走一趟，若有一美人，一闲书，能终生伴随你，且始终不厌倦，这是种福气。

《幽梦影》就是这样的书，任何时候，打开任何一页，你都不会烦，而且会有新的领悟。因为随着岁月的更迭，同样的话，会生出不一样的心情，不一样的美好。如张潮在书中说："少年读书，如隙中窥月。中年读书，如庭中望月。老年读书，如台上玩月。皆以阅历之浅深，为所得之浅深耳。"

此书中好的句子太多，如：

看晓妆宜在傅粉之后。

水浒是一部怒书，西游是一部悟书，金瓶是一部哀书。

雨之为物，能令昼短，更令夜长。

蛛为蝶之敌国，驴为马之附庸。

能闲世人之所忙者，方能忙世人之所闲。

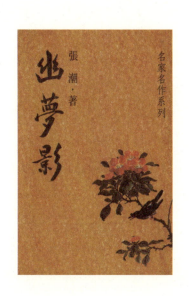

張潮·著

幽夢影

名家名作系列

黑与白交,黑能污白,白不能掩黑。香与臭混,臭能胜香,香不能敌臭。此君子小人相攻之大势也。

情之一字,所以维持世界;才之一字,所以粉饰乾坤。

张潮(1650—1709)生于清初,字山来,号心斋,别署心斋居士。安徽歙县人。其书因文辞隽永秀美,艳时直追刘勰,素时气贯公安,清朝以来为墨客所爱,多有好事者批注。我手边这版《幽梦影》,就是由清代文士张竹坡等人批注的,为1992年台湾大夏出版社出版,竖体。封面有小画水墨"杜鹃啼血"一幅,封底画则为一梅花扇面,雅致非常。因书后还收有朱锡绶的《续幽梦影》一卷,更十分为我珍爱。有时白昼午后小睡时,也随手翻阅一二,然后不知不觉合眼养神……其陶然之境真如明诗所云:"手倦抛书午梦长。"

如"花不可以无蝶"一般,我活着,则不可以一日无此书。

清代是一个文字狱昌盛,艺术被市侩化的朝代。除了曹雪芹、蒲松龄那样个别的天才,中国文人很难再出来一个类似春秋汉唐那样的"士"。若有,则当推张心斋公了。因其书虽为短小之警句,却藏着深厚的士大夫精神:说花月美人时,可以芬芳悱恻;而谈国怒世恨时,却又精进勇猛。在国风衰败的时代,这种勇气与才情就显得尤其突出。或许正像周作人所说:"是那样的旧,又是那样的新。"

虽为区区百页,清闲孤聊之作,若潜心读之,却可为一生之大受用耳。

人：作家的谎言

布面精装本《约翰·克利斯朵夫》

[法]罗曼·罗兰著，傅雷译

1953年版

　　《约翰·克利斯朵夫》是一面镜子，映照过很多人。自二十世纪初此书被翻译过来时，它就开始对中国文人、音乐家乃至整个艺术界产生了深远影响。而到了七十年代我这一代人身上，已经很少有人能够静心阅读一部厚达四大册的巨著，但谁一旦看了，就将永远被感动，被征服，被燃烧。

　　少年时代，我尤其厌恶读所谓"名著"，认为"名著"就是被官方或被社会约定俗成的虚伪的道德说教，是应该被一把火烧掉的僵尸、文学的棺材、幻想的坟墓。我渴望着一阵未来主义的暴风雨，能横扫过那些在每家书店的主柜台里堆放着的各种腐朽的"名著"与"全集"，把现实主义与中产阶级的垃圾读物永远砸得粉碎。真正的花朵与刺刀——属于新的一代。

　　那时我想：这世界还没有文学，文学应该被重新创造。

　　这样的情绪一直持续到少年时代结束，持续到我真正开始关注历史，持续到我第一次读了《笑面人》、《水浒》以及《约翰·克利斯朵夫》这些书。我不得不承认所有文学先锋与艺术家们都在犯古人们犯过的同样错误，我不得不承认自古希腊柏拉图到十九世纪法国天才少年诗人兰波都说过的同一句话是多么正确："看，这世界上没什么新东西。你做的一切，早都有人做过了。"

难道有人做过了你就不做了吗？当然不是。

自古情人都说"我爱你"，但我们，以及我们的后代依然会继续说。因为对每个恋爱中的人，这句话都将是新的，是第一次。

约翰·克利斯朵夫虽然是罗曼·罗兰虚构的一个人物，但也不能说是完全虚构，他集中了很多音乐家的特质，和莫扎特一样天才、贝多芬一样愤怒、柏辽兹一样潦倒、李斯特一样多情……而且他算是一个典型的艺术英雄，如同《悲惨世界》的冉·阿让，是一个典型的社会英雄。关于这部名著的故事，我想就不用在这里多说了，因为其内容早已为全世界所熟知。值得一谈的倒是此书的作者与译者。

罗曼·罗兰据说是欧洲当时最著名的人道主义者，但他并不完美。索尔仁尼琴在《古拉格群岛》中记录了他访问苏联时的反应，认为他也是一个被斯大林欺骗，对集中营苦难熟视无睹，回国后竟然说斯大林时代是"理想"，而其实只关心自己"作为人道主义者的地位"的伪善者。索氏的话虽然有些过激，但却暗示出了当文人面对世界苦难时的软弱。由于罗曼·罗兰对音乐的热爱，这个文学家的写作有很大一部分属于音乐学范畴。但艺术的光辉，虽没有让他作为"人"走出对良心最大的考验场——对暴政的态度，却让他的作品得以永恒。

半个世纪后，作为本书的译者傅雷，却是在面对同样问题的时

候，走向了反抗——夫妇双双开煤气自杀。

傅雷曾通过"家书"教育他儿子钢琴家傅聪道："首先你要做一个人，然后是思想家，然后是艺术家，然后是音乐家，最后才是钢琴家。"

那么什么是人？关于这个字，历来就像斯芬克司的谜语一样，虽然有答案，却没有具体含义。罗曼·罗兰在书中曾说："一个人并非为快乐而活着。他活着是为了完成我的律法。受苦。死。但做你应当做的——一个'人'。"

他甚至还说："正因为一个人不想当普通人，连普通地生活都做不到，所以他才会真正普通。"

神圣与伟大的作品从哪里来？——从最普通的语言中来。

什么是最普通的语言？——不要撒谎。

当然，自杀并不就意味着正义的准则，更不是心灵纯洁的标志。如另一个很熟悉罗曼·罗兰，且与其有私交的诗人与大翻译家梁宗岱先生，他在十八岁那年就受到了《约翰·克利斯朵夫》一书的深刻影响，也曾在"文革"期间被批斗，被殴打，每天头破血流，却没有自杀，而是坚强地活了下来。

但无论梁宗岱还是傅雷，最感人的态度就是宁死也不撒谎。

约翰·克利斯朵夫就是因为从不撒谎，所以才伟大；但罗兰却撒谎了，他毕竟只是个作家，而非自己理想中的英雄。

《约翰·克利斯朵夫》有很多译本，目前来说，傅雷先生的这个译本应该是最标准的，因为这就是傅雷作为人本身的真实。我手边的这套，为1953年旧版，灰蓝布面精装，大开本，竖体，显得朴实严肃。傅雷不仅翻译了这伟大的书，而且是位真正在用约翰·克利斯朵夫式的精神和灵魂生活、思想甚至死亡的"人"。可以说，我爱这书的译者，远甚于爱这书的作者。并非因为傅雷文笔精湛流畅，某些段落甚至达到了朱生豪先生的语感高度，而是因为傅雷壮烈的死，如同老舍一样，带给了我们一种震撼良心的魅力。

如苏轼所云："古之所谓豪杰之士，必有过人之节。"

人性山水图

插图版大开本《说园》

陈从周

1986 年版

中国人对于被现代风景抹杀的"园林"一词有些陌生了。可在中华帝国时期，只要是稍微有点田产或家业的中国古人，都很重视自己的庭院和园林。上到现在已经变成公园的圆明园与颐和园等帝国皇家园林，下到星罗棋布的小私人庭院，譬如孤山、个园、拙政园等，古人从来就十分强调人与大自然的关系。而且，由于历代道家哲学在民间的深远影响，这种关系更是被无限地放大和诗化。最后，越是接近原始状态（并同时能让人居住）的园林，就越是被公认为伟大的园林。这一点，自然是与中亚的伊斯法罕园林，古希腊的歌剧院，罗马的万神殿或印度、欧洲的某些城堡庄园截然不同的。

中国古人的视觉思维是时间性的。向前走一步，才能看到下一步的风景。一座园林的美，必须要在你完全走完之后，才能看出来，即所谓"远山无脚，远树无根，远舟无身（只见帆），这是画理，亦造园之理"。陈从周的《说园》插图非常丰富，大约有三十二幅他亲自手绘的白描园林图，可以让读者从整个园林艺术的高度对古人审

美作一次总结式的浏览。在这里，真正的山石、树木、瀑布、沼泽、峭壁与花草等天然的一切被人文化了，蜕变成宫殿、柱、走廊、泉、篱笆、池塘、假山、修竹一类的东西。原始的狂野与大自然的恐怖，被修饰为一座座宁静的亭台楼阁。混乱变成了秩序。暴力变成了幽雅。山洞变成了柴扉。蛮荒的美变成了文明的美。如：

> 园有静观、动观之分……何谓静观，就是园中予游者多驻足的观赏点；动观就是要有较长的游览线。二者说来，小园应以静观为主，动观为辅。庭院专主静观。大园则以动观为主，静观为辅。前者如苏州"网师园"，后者则苏州"拙政园"差可似之。人们进入网师园宜坐宜留之建筑多，绕池一周，有槛前细数游鱼，有亭中待月迎风，而轩外花影移墙，峰峦当窗，宛然如画，静中生趣。至于拙政园径缘池转，廊引人随，与"日午画船桥下过，衣香人影太匆匆"的瘦西湖相仿佛，妙在移步换影，这是动观。

当我们怀念一个故人时，往往只想念他的好处，而忘记了他的坏处。

园林，是人类对整个大自然的怀念，当然也就往往只怀念她的温柔，而忽略了她的狂暴。

这种西方社会学称为人文进步，中国儒家称为"文胜质则彬"的东西，究竟算不算是艺术的最高境界呢？子曰："道不远人。"建筑与园林都是人的东西，而后天的东西，好像基督教的巴别塔、佛教的舍利塔、现代欧洲的埃菲尔铁塔或我们每天在大街上看见的广播电视塔，都是那么刻意。贝聿铭与安藤忠雄其实也不可能真正解决现代建筑的压抑性。对于今天的人，一幢楼不超过神或大自然所能忍受的高度，就能勉强居住。而《说园》中强调的，却是让园林建筑尽量与周围大自然相融洽的精神。与那种像三峡工程一般危险而略带毁灭性的建筑不同，《说园》表现的建筑意义不是代替大自然，而是延长和扩展大自然。一言以蔽之：儿子不能以进步为理由去杀害母亲。

陈从周（1918—2000），别号梓翁，是有名的古建筑、古园林专家。除此书外还著有《扬州园林》《中国民居》《绍兴石桥》《岱庙建筑》等书，但《说园》最为精辟，所谓"谈景言情、论虚说实、文笔清丽"，影响力之大，远及日、俄、英、美、法、意、西班牙等地。是将中国园林艺术推向世界之现代第一人。在绘画上，他是张大千的入室弟子。1948年他在上海开办个人画展，以"一丝柳，一寸柔情"蜚声画坛。1978年冬，他应邀为美国纽约大都会博物馆设计"明轩"，贝聿铭嘱他画就长卷水墨丹青《名园青霄图卷》。作为散文作家，陈从周还出版过四十余万字的《梓室余墨》等散文作品。由于对行文的审慎，让一种接近明人张岱的性灵式文风，深刻体现在他的《说园》里。

1986年版的《说园》是大开本，分为五段，后面还有英文版。虽然通篇写的是山水，是茅屋，是流水，是窗棂，但这本书却是一部绝对意义上的人道主义著作。因为它还表达了人的克制、人的理性、人的梦想和人的感情，并对现代社会对园林的破坏与糟蹋进行了批判。可以说，它是继明朝计成《园冶》之后最好的一本谈园林建筑的书。

此书还可以说是一幅尊重时间与人性的山水图。我们生活在一个每天都有一种动物和几十种植物灭绝的现代社会，风景正在加速锐减。我们凝视电脑的时候多，眺望山林的时候少。在古人采花与放舟的地方，我们兑换现金并冷漠地坐在出租车上。大部分残留的园林遗址门口，都挂着一块"人民公园"的牌子，蚁聚着不再审美的老人们和不懂审美的情侣们。或许只有远方荒凉的峡谷、寺院和极地，还散居着一些真正意义上的自然人。

这本写景著作的目的，就是要读到它的人醒悟：比砍掉一棵树来盖房子更文明的，是在这棵树的身边住下来。书中引宋人郭熙的话说得好："山以水为血脉，以草木为毛发，以烟云为神采。"

理性的山水加上人性的山水，就是"境界"。

思想艺术加上情感倾向，人才是自然人。

日　损

《瓦尔登湖》

[美]亨利·戴维·梭罗

1982 年版

老子云："为学者日益，为道者日损。损之又损，以至于无为。"

在生活中用减法，与在艺术中用减法一样，是只有超人、圣人和真正的大师才能做到的。减法很难。让你每天都用减法，就更是难上加难。市民生活的清心寡欲，殉教徒们的不吃不喝，文艺家们的不断删减作品……这些都需要有坚强的意志。

"一间房屋之所以有用，正因为它是空的。"

中国古人们常常运用空间，作为艺术与处世之道。

十九世纪美国作家梭罗的《瓦尔登湖》，曾经作为一本准小说，在二十世纪八十年代的中国风靡一时。中国人觉得这简直像一本古人的书。其实他不过是想用一种接近东方古人的精神来抒写，而"未必是关于中国人与桑威奇岛人的"。该书阐释人对大自然的思考，并希望这是对工业革命之后，现代美国人生存方式与奴隶制环境的一种颠覆。他企图用一元化的智慧，对抗全部文明进程，正如中世纪时欧洲人用一神论对抗整个希腊文明一样。这里面当然有一种伟大的素质和可贵的愿望：简朴。但是，简朴就一定指的是不使用现代工具，不看电视，不开办工厂以及不用货币吗？简朴就一定是脱离现代媒体，反商业化与归隐田园吗？看这本书的人都会提出这样一些问题。

一个人生下来就直接空老林泉，这并不是"简朴"。

真正的"简朴"是先做了一番事，然后再功成身退，逍遥山水。

简朴的数字往往不是0，也不是1，而是最少限度的一半。

在文化帝国主义与全球经济化所向披靡的时代，我们被日益增多的事物包围。纯农业的纪元基本结束了。工业正在分化，日趋琐碎。"信息交流时代"这个江湖术语般的东西，正像人类历史上的每个时代一样，冒充着代表全部未来的词语。人类传统文明面临着最严重的一次考验：所有的科学家都被实用主义化；一个再伟大的文学家、艺术家、哲学家，也不会对整个社会思潮发生像从十八世纪到二十世纪中叶为止那样的影响；领袖、元首和宗师备受各界尊敬的时代过去了；包括政治在内，几乎所有的行业都不能在荣誉上超越自己的领域；一个超级市场的经理可能爱好文学，但他对爱伦·坡、奥威尔或胡适究竟有多重要并不感兴趣。民主主义自由与电脑网络带来的多元化，让人们已经退回到自己的房间去了——其实，这和古代一些做作的庸人因为厌世而躲到山上去没有什么不同。

梭罗可不是一个单纯的遁世者，不是做作的隐士。他一直反抗美国的蓄奴制度，帮助黑奴逃亡，还因拒绝支付人头税而进过监狱。《瓦尔登湖》是他在1845年，由于看不惯人生与社会的很多事，于是带着一把斧子，独自居住到湖边去写的一本批判世俗的书。这

瓦尔登湖

亨利·戴维·梭罗著

Walden

种特殊的愤怒与东方式的隐逸著作性质完全不同。一个人最了不起的行为是不断放弃自己多余的理想,裁减后天的社会欲望。至于最后剩下的东西是一座村庄,一道湖畔,还是一张桌子,这没什么不同。

日损与无为,不过都是为了想给自己的精神与思想留点空间。

有空间才能有运动,有运动才能有生命。少——就是多。

《瓦尔登湖》一书中,大都是抒情山水和个人对大自然、对植物与动物的思考与探索,对书籍的阅读,对寂寞、冬天、村庄或湖水的爱……看起来似乎很随意地在写,其实,在当时美国紧张的政治环境中,这本书的写作本身恰恰是一次反潮流的"革命"。就是梭罗那位名满世界的好友、文学家与演说家爱默生,也未必能写出这么坚决的一本书。而它的翻译文字也是一流的,尤其在夜晚读,能给人以久违的宁静,沁人心脾。

当然,对于大自然,以及极端朴素的农业生活方式,中国人是非常熟悉的。这也是本书在中国受到广泛喜爱的原因。

因为梭罗那种偶然的"隐居"状态,其实是一种很典型的中国精神。

很多伟大的中国古人一生漂泊、打仗、斗争、当官、坐牢、流亡……但在这些过程中,往往就有类似称病不朝、解甲归田、身陷囹圄、采菊东篱或者告老还乡等隐居手段,作为缓解神权制度与政治高压的办法。如周文王、司马迁、陶渊明、苏轼到王船山们,都是这样。找一个隐秘之处,无论是山野还是牢房,过着简朴的生活,抽一点时间把生平与对政治、社会、世界的看法写下来。这似乎是一种"神龙见首不见尾"的意境。

梭罗碰巧也当了回"中国文人",尽管他是无心的。

《瓦尔登湖》是我少年时代最爱看的书之一,因为那时对古文读不进去,对古书也缺乏耐心。而此书对现代社会的批判精神反倒让人爱不释手。现代中国人都该花时间认真读一读这本书。因为有些好的东西我们自己都忘记了。最后你发现,倒是西方人比我们更清醒,更懂得机械文明的疾病。当我们自以为赶上了世界潮流,因终于加入了WTO而沾沾自喜的时候,我们该看看自己究竟还剩下些什么?说得远一些——十九世纪,正是西学东渐的时代,当我们正忙于鸦片战争、搞洋务运动和激进革命的时候,在西半球的一个湖边,一个美国人却在说:"新奇的事物正在无穷尽地注入这个世界来,而我们却仍忍受着不可思议的愚蠢。"

在两种文明思维的冲突与讽刺中,难道就没有某些必然的、黑色幽默式的精神联系吗?

人非人

插图本《动物志》

［古希腊］亚里士多德

1979 年版

如果说有什么东西能充分证明"人"，那大概就是动物学。

人是一种动物，这是它一切存在的基础。人在自己这种存在中被分为两半，一半是神性，代表灵魂与道德意志；一半是兽性，代表自然与原始本能。二者加在一起，于是为"人性"。

人的神性，为我们发明了宗教与文化。

人的兽性，则使我们认识了自然与自己。

为了更多了解人性，就要更多了解动物。在西方文明中，大约没有第二个人，像亚里士多德那样，以其包容万有的学识与天赋，用个人的力量把世界解析了一番。自达·芬奇与狄德罗以来，杂家虽然也多，但都没有超越亚里士多德建立的伟大体系，如十三世纪意大利神学宗师托马斯·阿奎那说的那样："他是上帝之外一个最博学的人。"而马克思则说："他是古代文明最伟大的百科全书。"的确，古希腊文明的光辉，也许在这个人身上是体现得最耀眼的。

无论文艺复兴前或后，每个学者都必须从攻击他打开自己的道路。

动 物 志

〔古希腊〕亚里士多德著

商务印书馆

亚里士多德写了很多书，除《诗学》外，最吸引我的是《动物志》。

由于西方人对大海的重视，海洋生物方面的知识随着航海经验的增加，也逐渐积累起来。公元前三百多年，亚里士多德就在《动物志》中记载了欧洲爱琴海里的一百七十多种海洋生物。虽然公元前1世纪左右，中国人在《尔雅》等书中也记有海洋动物，《大戴礼记·夏小正》中谈到过动物习性，《诗经》上记有动物名称二百多种，而《山海经》中还写了很多神话传说的动物，还有像伪师旷《禽经》等分类动物学书，但相比亚氏对动物的研究，性质是完全不同的。

动物在中国更接近神性——好像《西游记》中的妖魔。

中国人如此热爱大自然，却并没有具体研究过动物学。就是汉魏晋时期的道家隐士们，乃至五代时如谭峭写《化书》，也都是在探索动物的"玄学"。

而亚里士多德以及古希腊人对动物的剖析是纯科学的，详细的。

他在《动物志》中也写了人类的动物属性：譬如人脑的结构、眼球、牙齿、骨骼、皮肤组织、内脏与生殖器等，这些剖析与鸟、蛇、鱼、海胆、水母、虫子、鹿、熊、狐狸、野猪、狼、兔子、蚂蚁、蜜蜂、牛、羊、马、象、鳄鱼、孔雀、猿猴或鸥鹑等无数动物的研究浑然一体，被亚里士多德分类讲解，从雌雄性到四肢、羽翼、爪蹼与鳍的活动本能，从胎生到血液，从交配到产卵，从性别、月经、妊娠、流产到哺乳动物的流变……其中还偶然配有一些小幅的铁线插图，真可谓一场雄浑壮观的描绘。

亚里士多德还曾写过另一部动物学著作，即《动物四篇》，但在我眼里，却远没有此书大气。

我爱他的这种伟大的包容性。正是这种古希腊精神，一直影响到意大利文艺复兴前后的科学：十六世纪达·芬奇解剖尸体，发现了动脉硬化；十七世纪林奈出版划时代生物百科全书《自然系统》；十九世纪赫胥黎、达尔文之流在原始森林里演绎"进化论"。说到底，他们都是从亚里士多德的观点出发，把自然界划分为三个领域：矿物、植物、动物。

而人——只是作为动物之一，作为其中的一部分。

我手边的这个中译本，是2001年冬天，在上海孔庙旧书市高价淘得，为商务印书馆1979年版。此书无前言，无后记，厚厚一卷，特立独行。上海孔庙破旧古老，香火却好，每周有旧书市，儒神孔子之像就端立在庙堂广场上，望着前来寻觅文化的人群。买书时，我忽然想起，自汉儒董仲舒发展"天人合一"的哲学以来，这个所谓的"最高境界"，并不是建立在自然科学上的，而是伦理学。中国人所谓的"天"，其实也是"人的天"。《易》云："天行健，君子以自强不息"，其实主要还是为了当个什么"君子"而已。否则，怎么能把动物学这个如此庞大的"天"忽略得如此彻底呢？大约在中国人看来，除了生气时骂人家是"畜生"或"禽兽不如"，人就不该是动物吧？或如佛教所言畜生道——"人非人"？念之一笑。

插图本《阿里斯托芬喜剧集》

罗念生等译

1954 年版

笑,是最大的荒谬,是智慧,也是神的忌讳。

法国作家加缪曾在《西西弗神话》中谈到喜剧,说暴君最害怕,也最痛恨的人就是喜剧作家,因为"笑"是唯一可以用最不严肃的方式,讽刺他的统治,并对世界的荒诞性提出质疑的手段。

中国没有喜剧,只有市井段子。自古代的"参军戏"到后来的曲艺相声,自三国魏朝邯郸淳的《笑林》,到明朝徐渭的《谐史》、冯梦龙的《笑府》、浮白斋主人的《笑林》,清朝程世爵的《笑林广记》……再到今天的舞台小品等等,所谓的笑,只是为了迎合庶民在茶余饭后的谈资,从来就没有上升为一种抵抗世界的苦难、反叛世俗或宗教压迫的伟大艺术。

中国喜剧不是官僚间的诙谐,就是马戏团、杂技或街头茶馆的调侃。

喜剧,在古希腊语中本是指的正剧。其中所蕴含的巨大的社会意义,就如同巴尔扎克将其一生著作统称为"人间喜剧"一样,实际上包罗了所有对人生、制度与社会的批判性,包罗了一切喜、怒、

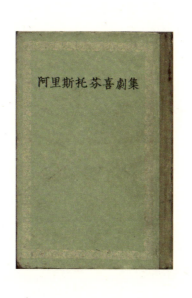

阿里斯托芬喜劇集

忧、思、悲、恐、惊。

阿里斯托芬是与苏格拉底、柏拉图同时代的古希腊人，生活在伯罗奔尼撒战争与雅典城邦衰落期间的公元前4世纪。

据说此人写有四十四部戏剧，现在只流传下十一部。二十世纪初期，罗念生先生是古希腊文学最好的翻译家，因那时中国很多西方作品皆非译自原文，而是转译自英文或日文，这其中就损失了很多语感。我所藏的《阿里斯托芬喜剧集》，为1954年人民文学出版社的竖排繁体字版，书脊为米黄布面，淡绿硬纸精装。时间久远，所有的一切都显得古旧了。且那时的书在封面除了标题，没有任何一个多余的字，甚至连翻译者名字都没有，更显得十分干净。此书收入罗先生翻译的三个剧本：《阿卡奈人》《骑士》《云》，以及另外两个译者的《鸟》和《财神》。在每部剧之间，还插有两幅古希腊陶瓶画图。虽然缺一篇阿里斯托芬最重要的作品《蛙》，但此书已是目前最完整的阿里斯托芬集。

从头看到尾，你会觉得是一场激烈的古希腊社会批判。

但是这些个"批判会"却因阿里斯托芬这个喜剧作家，而充满了幽默的笑声，在最严肃的地方，却那么轻松自如——这就是自由。他站在小人物的立场批判了城邦战争的灾祸、财产分配不公的缺陷和古希腊妇女的苦难……但不是让人在伤感中去说教，而是让人在欢乐中领悟。

记得小时候看过一部描写小丑的电影，主人公道："我们必须让那些鄙视我们的富人们和受难的穷人们笑。因为人只有在笑的时候，才是善良的。"但那时候我太小，还不懂得这话中的真理。后来看《芙蓉镇》，见右派主人公秦书田因想结婚，而说"就是公狗母狗，公猪母猪，也不能不让它们交配嘛"等话，才在失笑的当权者手中得到一纸婚书，方略有感悟。

林语堂曾写杂文强调幽默是"含蓄思想的笑"。

而康德云："笑就是紧张的预期忽然化为乌有时的快感。"

中世纪时，天主教宗教裁判所将笑认为是不严肃的，是对神性的亵渎，是只有无信仰的人、妓女与魔鬼才会出现的态度，将其列入禁区。自意大利文艺复兴之后，笑才成为一种自然的人性。因为饱经宗教禁欲主义的人们要恢复古希腊的自由精神。

笑的社会意义要远远大于文学意义。

笑——或幽默精神，据说是从亚里士多德发源的，但只有阿里斯托芬所完成的"笑"，才直接导致了后来莎士比亚、莫里哀甚至查理·卓别林等戏剧宗师对世界悲剧与小人物的升华，也就是所谓"哭泣的喜剧"。其实所有喜剧的中心都是哭泣的，是流泪的。因为英雄大多是悲剧，而弱者是喜剧。也正因为如此，阿里斯托芬在他的喜剧中很多地方，都借人物之口，推崇古希腊的悲剧传统，赞美欧里庇德斯等悲剧大师的成就。

人在最痛苦、最悲伤的时候，往往会突然放声大笑。

这也是弱者对上帝不公平的唯一的反抗了。

阿里斯托芬生活在亚里士多德之前，因此可以说是西方文明的第一个"笑圣"。他一人就与另外那三个悲剧家持平——也足以证明了他的感人力量。东方哲学中也曾有过一些"笑"，如庄子戏妻是逍遥的狂笑，孔子对周礼的丧失是稳重的嘲笑，所谓"夫子哂之"、佛陀的"拈花一笑"更接近的是神秘主义的幽默……但这些都还是在意识形态中思考,而非喜剧中的笑。由此看来,东方文学似乎是没有"笑圣"的。

大家似乎都太严肃了,就是古代传奇里最潇洒的那些神仙佛道人物,也要通过长久修炼,才会"笑傲江湖"。我写到这里,忽然扔下了笔,不禁苦笑起来。

魔　性

《大唐西域记》

（唐）玄奘

1977 年版

　　　　　文不幻不文，幻不极不幻。是知天下极幻之事，乃极真之事；极

　　　　幻之理，乃极真之理。故言真不如言幻，言佛不如言魔。魔非他，即

　　　　我也。我化为佛，未佛皆魔。

　　这段文字是明末清初批评家叶昼，假托"幔亭过客"李贽之名，点评《西游记》时的卷首题词。

　　《西游记》一书自然毋庸赘言，可以说是一部古中国小说体奥义书，其内涵之深远博大，世界上只有印度的《摩诃婆罗多》和但丁的《神曲》可以并驾齐驱。1999 年，一位东北的中医师出过一本专著《看破〈西游记〉》，详细从中医人体学理论和周易哲学的角度，解释了《西游记》一书中关于五位一体、心猿意马、见性成佛、丹田即西天等等的密码式写作。的确，按照中医学与传统的呼吸引导术，"西游"中的所有地点、时间、事件和人物都是对人体中一切器官与反应的比喻：花果山水帘洞不过是头颅下的口腔系统，各种山野的

洞窟妖魔不过是人体的穴位病气，而孙悟空的一生就是玄奘对自己肉体与心灵的修炼。据说看完《西游记》，不仅仅是随着唐僧师徒到西域走了一遭，更主要的是同时在人体的五脏六腑和十二经络中游了一遍。

这些说法未尝不可，本来该书就是仁者见仁智者见智的书。

但是《西游记》中最感染我们的显然不是它里面是否真的有科学性或医学性，甚至不是它的神学性。英雄生涯、宗教感情与不停地打妖魔的故事，才是它最动人的根本。如果没有孙悟空，恐怕此书的读者量绝不会超过它的思想原型——玄奘的《大唐西域记》，甚至不会超过元朝时讲述全真教长春子丘处机西行经历的那本同名的、描绘风土景物的《西游记》。

《大唐西域记》的作者玄奘，俗姓陈，名祎，洛州缑氏（今河南偃师县南缑氏镇）人，隋文帝仁寿二年（602）出生于一个世代儒学之家，出家后法名玄奘，敬称三藏法师，俗称"唐僧"。他十三岁时在洛阳净土寺诵习佛典，后赴首都长安，后游历天下，遍访名师。唐太宗贞观元年（627），玄奘从长安出发，孤身踏上万里征途，开始恐怖阅历式的"西游"。他途经秦州，度玉门关，曾五天四夜滴水不进，艰难地走过了八百里大漠，取道伊吾（今新疆哈密），沿天山南麓西行，翻越中亚史上著名的铁门，到达今阿富汗北境，又由此南行，经大雪山至犍驮罗国，最后进入了印度。当时的印度，还是小国林立的时期，分为东、西、南、北、中五个部分。印度历史称"五印度"或"五天竺"。玄奘先到了北印度，在那里拜望高僧，巡礼佛教圣地，跋涉数千里，经历十余国，进入恒河流域。后又到中印度、东

印度、南印度、西印度游学，足迹踏遍整个印度次大陆，赢得极大声誉。玄奘的学识则受到印度僧俗的极大敬重，也引起了许多国王的景仰。印度人倾听了玄奘对佛教的思考，深为他精辟而渊博的才识所折服，玄奘因而获得了"大乘天"的尊称，名震五天竺。

贞观十七年（643）春，玄奘携带六百五十七部佛经，取道今巴基斯坦北上，又经阿富汗，翻越帕米尔高原，沿塔里木盆地南线回国。两年后，他终于回到了阔别已久的长安。玄奘此行，行程五万里，历时十八年，是一次艰难而又伟大的哲学流浪。唐太宗在洛阳召见了他，并敦促他将在西域、印度的所见所闻撰写成书。于是玄奘口述，由弟子执笔，于贞观二十年（646）七月完成了《大唐西域记》一书，书分十二卷，共十余万字。

玄奘不是孙悟空，但其心灵的激情和宗教气魄，却比孙悟空更伟大。

他是人，是僧侣，也是男性。他有着所有人都有的魔性与欲望。所以"西游"的理论家曾认为，唐僧、孙悟空、猪悟能、沙悟净与白龙马，这师徒五人实际上是代表着玄奘的肉体、心灵、欲望、苦难与思维的五位一体，是一个追求信仰的人有时会"心猿意马"的象征。尤其是孙悟空，是玄奘心灵中的社会愤怒与欲望冲突的写照。

《大唐西域记》则是以自传随笔与游记的方式，证实了玄奘的这种思想。

据说，释迦牟尼生前曾预言："佛之正法只传五百年，即正法时代。五百年后是一段偶像崇拜时期，大约有一千年。再之后，就会有各种门派诞生出来，互相争执，佛法即随之沦亡消散，即所谓末法时代。"历史正是一点不差地按照佛陀的话在进行着。孙猴子被关在五指山下也是五百年，他遇到玄奘之前，正是一个"心魔"。心魔时期，实际上是历史上的玄奘大师最纯洁的一段时期，也许少年意气，傲视天下权威。"齐天大圣"实在是对他早年孤独生涯，与西游时期雄心抱负的最好隐喻。和历史上所有伟大人物们一样，在人性中最壮丽的一个阶段，如果没有打倒一切的气势，没有"大闹天宫"的个性，没有横扫牛鬼蛇神的愤怒激情，他不可能征服印度，最终也难成大器。从这个角度来说，正是因为玄奘其人具备孙悟空狂妄的魔性，于是成就了他在西行中的"正法"。

不过旧体的《大唐西域记》很久没有再版了。

我手里的这本也是在旧书摊上淘到的，很破旧。值得说的是，这书今天读起来，感觉却比《西游记》还好。尤其当最近几年所谓的藏密泛滥成灾，禅宗或烧香都像雷峰塔地宫中发掘出的舍利子一样，变成一种文化摆设的时候，当传统的虔敬和道德都被现代消费主义所降服，变成了幌子，在一个宗教精神式微，古典文学甚至话本小说都没人读的没落时期，《大唐西域记》的存在，更是显得十分可贵。

大街上的人们只关心好莱坞电影界是否已经开始拍摄"美猴王"，谁也不记得那段历史的真正意义。但这有什么关系呢？好书，总是对一小部分人有着永恒的召唤，这就足够了。

死亡之诗

版画插图散文体《神曲》

[意大利] 但丁

1954 年版

　　据说，这个世界上每三秒钟就会有一个人死去。至于万千飞禽走兽以及各种野生植物百草，则每一个瞬间都有无数生灭。佛典中说："佛观一碗水，八万四千虫"，并因这些虫的生死而大发慈悲，以此反衬出佛陀的伟大。死亡，一直是神佛们要解决的最大的问题。

　　但丁《神曲·地狱》开篇就写道："在人生的中途……我突然遇到了一只狮子。"这狮子就是死亡。

　　世界上有两个东西是绝对不能选择的，即生与死。在人类的千年文明史中，穷尽无数高僧、思想家、艺术家、医学家和科学家的全部精力，就是为了探索这两个字。尤其是死。因为相对来说，生还是比较清晰的。孔丘曾说："不知生，焉知死。"莎士比亚只云："生或死，这是个问题。"庄周曰："天地一府，死生同状。"佛陀教导："无众生相，无寿者相。"基督干脆省略了死亡，他决定："进行最后的审判。"政治家们就更绝对了，他们索性用英雄主义抵消了肉体死亡的意义："一不怕苦，二不怕死。"关于死，也许柏拉图在《巴曼尼

神曲

但丁 著

德斯篇》中解释得最多，但那又怎么样？人们不是还得面对肉体毁灭的恐惧？所以，在《神曲》地狱的第一圈里，住满了基督降生前那些古希腊哲人。医生悲天悯人，救死扶伤；艺术家点燃了人类的神经质："看，那就是悲剧！"他们企图用美感让人类理解死亡。科学家也许是真正的诗人，他们居然克隆了一些生命，幻想用机器、电和化学去取缔死亡。

没有什么比死更恐怖的了，尤其正好是在你最不情愿的时候。人为什么害怕呢？就是因为不理解。

为了让死亡可以被理解，佛陀发明了六道轮回，基督教发明了天堂、炼狱与地狱。虽然死亡永远是模糊的，但是人的残酷天性让他总想去看看死后的荣耀或肉体消失后灵魂悲惨的下场。

难以相信在《神曲》中能看到那么多幻景：当人类死后，一个诗人能够如此挖空心思地描写出天上地下全部的灵魂那些变幻莫测、稀奇古怪的存在方式。尤其是在中世纪，但凡人脑能够想到的东西，都被用在了书里。对于地狱里的幽灵，可以用野兽、木棍、铁笼、悬崖、火、锯子、车轮、钉子、饥饿、毒药、箭、绳子、泥土、砍头、皮鞭、活埋以及油烹水煮等等来表现；对于天堂上的灵魂，则可以用蔷薇与"基督新娘的军队"去点缀。如果说死亡是恶的一种，那么恐怕除了神性，别的都不能包容它。

灵魂不是职业，不会因为你去卖哈密瓜、炒房地产或者经营股票就能改变它的处境，改变上帝对你的认识。尤其当天灾人祸和不可预测的神秘从冥冥中刺入你的生命的时候，社会职业带来的一切就会烟消云散，如梦幻泡影，只剩下这个唯一站在你肉体中心的东西：灵魂。

这就是但丁对死亡的理解——那是一首流亡在三维神学宇宙中的诗。

为此，十九世纪俄罗斯作家梅涅日科夫斯基曾写《但丁传》，专门剖析《神曲》中关于三位一体的理论。

人在死亡面前是犹豫的、萎缩的、自卑的。唯一可以选择的最伟大的态度也不过是洒脱。人死了，就毕竟是死了，永远是死了，不可重复地——死了。正是这种不可挽回性，构筑了死亡那终极的神秘。死亡面前，何谈逍遥？记得曹操有云："神龟虽寿，犹有尽时。腾蛇乘雾，终为土灰。"历史上那么多英雄智者尚且如此伤感地面对死亡，何况今天的我们呢？只有宗教信仰能缓解这种迷惑与恐惧。

> 我从来都不曾相信，
>
> 死亡会毁掉这么多的灵魂。

《神曲·地狱》中的这句诗，后来还被二十世纪英国诗人艾略特引在了著名的《荒原》一诗中。这里的死亡并不单指肉体。在但丁的意识里，肉体的死亡代表着一种宗教的新生，而在地狱里的人的苦难，在于精神的沦丧和灵魂的毁灭。

我手边所藏王维克先生译的《神曲》是散文体版的，附有多雷描写地狱与天堂的黑白版画。只有这个版本我能读下去，因为其他用诗体翻译的，根本无法读。诗体太紧张、刻意，又要求有韵，很啰唆。尤其是在面对死亡这个问题的时候。而读散文体则像是读抒情小说，不用紧张。看了书，也许你不会再问死亡的意义了。你会更关心文学本身，关心魔鬼的翅膀与天主教"七罪"的幻觉，关心神话与梦魇的美。维特根斯坦不是说吗，"神秘的不是这个世界为什么是这样，而是这个世界竟然就是这样。"清代文学批评家金圣叹死前最后一句话是对他的儿子说的，他说："孩子，用花生米与豆腐干下酒，有火腿的味道。"难道他们都要下地狱？

真正与死亡有了默契的人，在最后的境界上都是一样的。

但丁一生饱经苦难，痛失爱情，仕途悲惨，流亡他乡，但他的心从来没有浮躁过。与莎士比亚一样，他是文艺复兴前后西方的第一流诗人。分析《神曲》这样一本混一宗教、哲学、诗歌与大自然的超人之书，实际上是不可能的。布罗茨基说得好："诗是晶体，分析诗就等于瓦解晶体。"我个人也只是在最忧郁、最压抑的时候，会从书架上取下这本书来，随便翻开一页，用它永恒的闪光安慰一下自己心灵偶然的黑暗而已。在此，我还是多读书，少说废话吧。

香
艳

千年一别须臾

竖排补遗本《六一词》

（宋）欧阳修

1960 年香港版

自古花魁龙心者，必也香艳才情。

在古文阅读中，最让大众陶醉的大约是词了。因为词有长短节奏，与音乐是近亲，比律诗深邃，又非散文那样放纵。紧张中有松弛，多写爱情之作，于是极容易在民间流行。词之大家太多，二李三苏、双安元白……自辛弃疾、周美成、吴梦窗、李后主、王建、秦观、柳永、姜夔、纳兰性德乃至近代之王国维、毛泽东等，词林多有惊语，婉约豪放并出。

在唐宋八大家中，为词者自然首推苏轼，其次就是醉翁欧阳修了。

欧阳修（1007—1073），字永叔，庐陵人。北宋文学家、史学家。四岁丧父，家贫，据说他母亲曾以荻画地，教他写字，于是自幼"下笔出人意表"。后修《新唐书》与《新五代史》。不仅善作诗，且有新见，后人集录成书，称《六一诗话》。郭绍虞在《宋诗话考》中曾说："诗话之称，固始于欧阳修，即诗话之体，亦可谓创自欧阳氏矣。"欧阳修在政治上是王安石变法的反对者，但与司马光又不太相同，比较温和。在滁州时，他曾自号醉翁，放浪山水，写出了妇孺皆知的《醉翁亭记》。

"六一"的来历，是因为他晚年自号"六一居士"。

他说："吾《集古录》一千卷，藏书一万卷，有琴一张，有棋一局，而常置酒一壶，吾老于其间，是为六一。"

如此看，欧阳修是一个杂家：通金石、诗书、琴、棋、酒等众艺。

《六一词》在中国词史上地位显耀，但书的出版、编撰情况很复杂，历代多有变异。明朝毛晋在欧阳修《近体乐府》三卷中删去乐语部分，单行一卷。但由于其中有些词"浮艳伤雅"，或者"他稿误入"，在许多版本中总是抽抽减减，不甚完备。一些假道学腐儒认为有伤风化，一度禁止书中许多绚丽的作品。这让人想起十九世纪时，法国官方查禁象征主义最伟大的诗人波德莱尔在《恶之花》一书中的色情叛逆之诗。

也正因为如此，历代文人说起"六一词"，就像是在说一个谜。

的确，欧阳修的诗词是古文中一朵神秘奇特的"干花"。

读《六一词》，常感觉游身香艳，口中唾芳，惊讶其腐朽干枯之余，又为其怀旧之大美所陶醉。如：

> 春艳艳，江上晚山三四点，柳丝如剪花如染。香闺寂寂门半掩。愁眉敛，泪珠滴破胭脂脸。(《归自谣》)

> 玉壶冰莹兽炉灰，人起绣帘开。春丛一夜，六花开尽，不待剪

六一词

刀催。(《少年游》)

世路风波险,千年一别须臾。(《圣无忧》)

我最喜欢的句子,就是这"千年一别须臾"了。

它使人觉得古代遥远如高烧中的意境,却又就在你身边。

捧在我手中的《六一词》,是 1960 年由香港商务印书馆出版的本子,也是目前最完整的一个版本。因它还收录了元代后被查禁的本属于《六一词》的作品补钞九十五首,与原著合为一册,对于研究《六一词》的人是最好的藏书之一。

记得苏东坡写过一首《西江月》,称赞欧阳修"文章太守"的天赋:

三过平山堂下,半生弹指声中。十年不见老仙翁,壁上龙蛇飞动。欲吊文章太守,仍歌杨柳春风。休言万事转头空,未转头时皆梦。

的确如此——"六一词"就是一道绚美的幻梦。

我不仅爱醉翁书瓢中之美辞,甚至也爱此书封面的暗红雕花图案。朴素的色调因时间久远而泛黄,让人想起元代的釉里红瓷器壮丽大气而不失婉约幽雅的仪态。书封面上除了楷书的"六一词"三字,别无一点瑕疵,显得古朴、寂静,如展卷在夕阳窗前,月色楼中。

然自近代革命以来,整个词学都已衰微凋零,永逝去国了。现在就是连现代先锋诗也是江河日下，又何况千年前的一册残卷，半点吟咏！

纵然如此，我相信事情也终如古人所云："梅花之影，妙于梅花"

我相信这世上只要还有读书人在——词就是永恒的。

"鬼圣"手记

油印体楷书刻本《农桑经校注》

（清）蒲松龄

1982 年版

　　自古笑傲孤愤之士，常有隐逸归田之举。

　　"鬼圣"异史氏蒲松龄的名字，在中国是妇孺皆知的，因为《聊斋志异》伟大深邃的寓意，这个名字甚至流传到西方后，也被作为象征主义、魔幻现实主义的先驱而受到卡夫卡、马尔克斯等作家的关注。但蒲松龄这个人在古代中国，其本质却是很传统的：是一个在野的山林诗人。

　　华夏是一个农业帝国。因此，这个帝国中的一切人，也无不带着农业民族的心灵：血液中对这块大地有一种情结、癖好和苦恋。

　　到什么时代，大自然都将是中国人精神的最后归宿。

　　到什么时代，境界都高于思想，美都高于权力。

　　蒲松龄笔下的鬼魂幽灵，都不过是一种超自然现象，其基础也依旧是自然山水本身，是土地，是植物和动物……这正如宫殿贵族们那些奢侈的丝绸绫罗的华美，其基础不过是一条田野里的虫子——蚕的生命一样。如果不是很偶然的一次逛北京灯市口一家旧书店，我还一直不知道蒲松龄这样愤世古今的鬼雄天才，竟也会

农桑经校注

明·蒲松龄撰 李长年校注

写一本像《农桑经》这样朴素的农书。

他不仅是一个小说家和诗人，也一个很地道的农学家。

二十世纪六十年代，一些学者收集到了这本蒲松龄散落在民间的阐述一般农事以及养蚕与桑叶的著作，编入《蒲松龄集·杂著》中。但直到八十年代初，才第一次出单行本。此书民国以前从未有机会刻印过。蒲松龄在书中大量涉及如上粪，喂牛，耕田，种棉花、麦、麻、豆、谷，抵御蝗灾，防虫，养殖蚕，种瓜、菠菜、山药、白杨、樱桃、茴香、薄荷、麦冬、竹子、石榴、葡萄甚至插秧与伐木等等的方法，其中还包括农事占卜、饲养家畜以及"花谱"一卷，内容相当的繁杂丰富，几乎包罗了古人全部的农业劳作细节。

1982 年出版的由李长年等人注释，用楷书油印体印刷的这本《农桑经校注》，封面是很简单的白描画：两个古代女子在采桑。整本书的楷书都像是直接写上去的手抄本书法，显得很特殊，古朴，也符合它曾作为"残稿"一度只在农村流行的风格。

蒲松龄为什么要写这本书？

这本书是不是只具有农事工具书的意义？

我相信其中的内涵并非如此简单。蒲松龄出身于一个家道中落的农商家庭，对帝国的科举功名曾怀有与其他文人类似的抱负。但失败的仕途与冷清的教书生涯让他感到自己的确生活在一片诡异伤感的帝国土地上。他曾孤独地感叹："知我者，其在青林黑塞间乎！"同是恨世间不公，叹万物有情，他没有像柳永那样颓废于烟花，也不像笑笑生那样走向叛逆，而是与魔域冥府、妖狐精灵为伍，同参大自然的醒觉——这是一种惊人的天才。

当然，自《搜神记》以来，志怪小说历代多有。但直到蒲松龄身上，才达到顶峰，就因为他是最了解大自然的怪杰。可以说，从魏晋时期开始，中国人就多强调"人"不过是天地山水的一部分，是一分子，而在西方，起码要到十五世纪意大利文艺复兴之后，艺术家的视线才从基督教神学与古希腊英雄主义转到自然风景上。别的民族没有一个会像中国人那样，把大自然现象与人文理念等量齐观为一体，如宋儒邵雍说的："松桂操行，莺花文才；江山气度，风月情怀。"如果说《农桑经》只是蒲松龄写的一本闲书，是他在农事余暇时的手记，那么这也是只有与大自然浑然一体的灵魂才能写得出来的闲书与手记。

如其中唯一让人能想起蒲松龄的，是"蚕祟"。

据说养蚕时，蚕神是要来的。如果不画符、不谨慎地祈祷，蚕就都会死。蒲松龄还在书中详细讲述了祈祷蚕神的具体方法、规则。记得我小时候在重庆也养过蚕，那时"文革"刚结束，没有玩具，很多孩子都只好养动物玩。养蚕是为了等它们结茧，然后拿到中药店去卖，换糖吃。不过我们那些城里孩子完全不懂方法，纯属胡闹而已。很多蚕都死了。也有结茧的，或变成蚕蛾娘娘的，却基本都是废品。现在想起来，那时要有这样一本书该多好啊。

制度、人文、年龄与时代，让我们离大自然越来越远了。

有时候拿起《农桑经》这样的书，都觉得惭愧。不是因为读不明白，而是觉得有一种成年人被石化后的麻木……现代人多瞧不起农业，而中国古代几乎所有的智慧，却都来自大自然变幻所带来的启发。

《周易·象辞》云："见龙在田，天下文明。"

中国人的"农民意识"曾让这个帝国落后挨打，却又哺育了那么多蒲松龄这样惊世骇俗的人物，想起来真是古怪诧异。或许这意识与龙、与文明都是一码子事吧。总之，如今说这意识是宿命、苦命还是需要革命，都无所谓了。因为所有"文明"的现代中国人几乎都已经自诩："我不是农民。"

"上 邪"

插图影印本《白蛇传前后集》

（民国）梦花馆主编

1988 年版

　　蛇在古希腊、古中国和基督教中都是最原始的妖魔化身，而且总是女人，这不得不说是一个奇迹：一种伟大的"歧视"。蛇的神秘冬眠、蜕皮与敏捷冷血的行动，自古以来就被人类视为天地间最神异的力量，视为永恒与长生不老的象征；而蛇的自然曲线，则被比作是和女人一样窈窕的美。

　　中国最有名的蛇，也是一个女人：白素贞。

　　说到读《白蛇》，早在童年时代就看过了小人书。不过那时候不懂得历史，也不懂得爱情，全在为传奇的精绝所吸引。后来长大，阅历渐丰，云游风尘，再读古代爱情小说，方知道神话所言之大真实。如《白蛇传》、《梁祝》与《石头记》，每读之，无不为之心中滴血。

　　我以为，中国人不读古代言情话本，就不能真正理解这个帝国的悲剧。

　　白蛇与祝英台、林黛玉一样，是这个文明中最具有牺牲精神的古代烈女，是爱情的标本，千年以来最迷人的女性形象。尤其是白蛇，她是真正最直接走向反抗了的，祝、林二者还仅仅是夭折。蝴蝶与石头，毕竟都还是软弱的。只有蛇，才敢于带着自己强烈的情感个性，与道德权威斗法。硫黄酒、盗仙草、水漫金山寺、镇塔、脱胎以及小青复仇、许梦蛟哭娘的故事……无一不让人感动。

爱情是什么？色情是什么？每个时代都有各自的解释。

事实上爱情从来就不曾与色情分开过。

梦花馆主在书中曾云："龙性最淫。"他还说白蛇是龙精偶然滴落在山上的产物。在动物学中，蛇的交配时间大约是最长的，有的蛇交媾缠绵，受精的过程长达两小时。这种自然现象使人类很吃惊，并被误解为"淫"。于是，白蛇就成了世俗眼里的坏女人。但白蛇之"淫"与潘金莲之"淫"不同，她的"淫"是带着以身殉道之精神的，其根源实际上是道家对伪佛教禁欲主义的否定。因为道家还有房中术，而佛教密宗也有欢喜佛。刻意地消灭性行为，是违反自然的，也同时是反人性、反神学的。

白蛇的爱情好就好在她的"色情"与暴力反抗。

白素贞，以及小青蛇的美，在于她们都是那种敢爱敢恨的性情中人，是叛逆的情种——如果世界要夺走她的爱情，她就要毁灭这世界。就像易卜生笔下的娜拉，她要证明："究竟自己是对的，还是这世界是对的？"说实在话，这样绝对为"情"的女人，就是今天也还是罕见的。也正因为她们是女性，在巨大的高压下发起鬼神的战争，更衬托出她们的孤独、幽雅和壮美。

夫白蛇之为传说，历代多有：如唐朝有《白蛇记》，说有个叫李黄的人，遇到一白衣绝色美女，在女人家住上数日后，返家就不起，

白蛇傳前後集

梦花馆主编

最后化为了水；宋朝有《双鱼扇坠》《西湖三塔记》；明代冯梦龙有《白娘子永镇雷峰塔》《白蛇记》等；而清代的《义妖白蛇传》更详细了，且影响到了戏曲中，在民间广泛流传；但最完备的当数我这本民国人梦花馆主所编写之《白蛇传前后集》——作者实际上是效法施耐庵编撰《水浒》的办法，把古代所有关于白蛇的话本戏文全部发展开来，写出了一部结构比较宏大、涉及佛教轮回、空前复杂的爱情神话。而且此书出版也异常简装，无前言后记，只有白描画像。

书中云："雷峰塔倒，白蛇出世。"

我时常想，中国古人实在是极端浪漫"性感"的。

白娘子被镇压的那个雷峰塔，实在也不是什么佛塔，而不过是男性生殖器的图腾；法海也不是什么和尚，而不过是男权社会的象征而已。世俗红尘之人，多奢谈什么"美人都是蛇蝎心肠"，志怪小说里也常见什么"美女蛇"，此皆不过男性的急躁与怨恨而已。人越是得不到什么，就越喜欢把什么东西妖魔化。旧年偶游西湖，见雷峰塔被新建，模样很可笑。记得民国年间，那塔在一夜间真的忽然倾倒，露出了地宫。当时住在孤山的作家俞平伯正好听见轰然声，还十分伤感；而鲁迅却道："倒了就倒了，有什么好惋惜的？"此话我深以为是。

只有爱情自由的人，才能有灵魂自由。

也只有爱情自由的国家，才能有生活和思想的自由。

否则——再好的太平世界也只是个妖魔化的世界——正所谓："心中有恶者，见人如鬼。"

今春，我因他事，情绪颓丧，又曾去杭州西湖灵隐寺烧香，见游人如织，红颜穿梭，往往有色貌绝艳者，方信自古武林多美人，此言不虚。岳王庙前，胭脂与裙钗缭绕；飞来峰下，云雾并香火升腾；有时下起雨来，苏堤、白堤、断桥、孤山一带，如古镜朦胧，无一物不让人想起白蛇、小青与许仙在此处问渡借伞的情景，念之使人神伤。

《论语》虽云"子不语怪、力、乱、神"，但孔子删《诗经》时第一首却选的是爱情诗；基督爱的是妓女；佛陀思索的是"觉有情"；庄周戏妻；苏格拉底怕老婆……圣人与神仙最终悟道，皆离不开爱情的启发，又何况凡夫俗子、市井书生？《白蛇传》的爱情与战争都是惊天动地、震古烁今的，是对礼教甚至佛道"逍遥"超脱之意识形态都彻底放弃的愤怒宣泄，以及对男权的讽刺。读《白蛇传前后集》时，时常觉得怨怒在胸，恨不能放声哭喊苍天。尤其雷峰塔镇下那一瞬间，真如汉诗所云："上邪！我欲与君相知，长命无绝衰。山无陵，江水为竭，冬雷震震，夏雨雪，天地合，乃敢与君绝！"

儒道二家多奢谈阴阳，却忽略了爱情就是最好的阴阳哲学。

而世人多奢谈英雄之美，却忽略了美人的本质也是英雄。

叛逆的美卷

《董解元西厢记》

（金）董解元

1978 年版

"兰麝香仍在，环佩声渐远。"每次读到这句子，"第六才子"王实甫的"西厢"幻影就会如梦袭来，恍若一朵古代的花，在远方升起……自明清后，世人多谈"王西厢"的故事，如《红楼梦》中黛玉与宝玉在大观园桃花树下一起阅读的所谓"淫书"，就是指元人王实甫的舞台剧《西厢记》。

据说读那书时，可令人满口生香，如含花茗。

今天的人们几乎都忘了，诸宫调《西厢记》最早的、比王实甫更有叛逆精神的书——却是金代的董解元所写，也就是著名的所谓"董西厢"。

《董解元西厢记》是第一本从唐人元稹《莺莺传》升华而来的爱情史诗。它的幽雅，启发了后来王实甫的写作。其实董解元抒情之天赋并不在"王西厢"之下。其笔法相当精湛，譬如一开篇不久，写河中府景色：

芳草茸茸去路遥，八百里地秦川春色早，花木秀芳郊。蒲州近

董解元西厢记

人民文学出版社
凌景埏 校注

也，景物尽堪描。西有黄河东华岳，乳口敕楼没与高，仿佛来到云霄。黄流滚滚，时复起风涛。

相对"王西厢"来说，"董西厢"的文笔不够香艳，却多了一分大气；不够婉约，却多了一分风骨。更重要的是，"董西厢"对张生与崔莺莺的爱情态度是绝对叛逆的。他在书的结尾写的不是他们对传统婚姻的妥协，也不是张生的"始乱终弃"，而是以二者的私奔出走圆满结局。这是《莺莺传》本身与别的《西厢记》中都不敢提出的一种古代爱情理想。

中国古代庶民的爱情，因为受到严肃的礼教道德约束，大多缺乏激情的张力。父母之命，媒妁之言，往往决定人的一生。遇到性格不冲突的，逐渐有了感情可以将就一辈子。遇到不合适的，上吊、跳河、吞金……寻死觅活什么都有，为"情"所困者数不胜数。

记得读明人冯梦龙编的《情史》时，看见他也收入了元稹的《莺莺传》，但把这小说的爱情悲剧列入"情仇类"。当时不理解，为什么这爱情与仇恨有关。冯曾在书中云："人，生死于情者也；情，生死于人者也。人生，而情能死之；人死，而情能生之。"的确如此，《西厢记》的故事与一切伟大的爱情传说一样，都不过说了一个"情"字——而情不能实现时，就是仇。

董解元者，据说原名叫董琅，或董良，不可考证。"解元"这个词语是金代与元代前后对读书人的一种尊称。在《录鬼簿》等书中有一星半点关于他的记载，都很不可信，只能猜测他是1190—1208

年的一个文人，可能在金章宗的朝廷做过小官而已。

从金到宋，连年的战争，使中国民间佛教信仰非常昌盛。

"西厢"的故事就发生在一座寺院——普救寺里。

在佛教圣地，闪电一般出现了一段绝世美艳之爱情，实在是对释迦牟尼所说"觉有情"这一思想的最好象征。如《情史》中就还记载着一则"画西厢"的典故，说曾有一禅寺，满墙都画着《西厢记》图画，人问老僧，老僧说从中悟道禅机。又问禅机在哪里？老僧说，就是《西厢记》里的一句——"怎当他临去秋波那一转"。

夫情之为物，亘古以血。风流生死，花落魂归。

如曹雪芹所云："千红一哭，万艳同悲。"

古今中外文学史中的"情"，自包法利夫人到白蛇，自珂赛蒂到孟姜女，自斯万到张生，自娜拉、苔丝、日瓦戈、歌尔德蒙、菲丽丝、萨德到刘兰芝、虞姬、窦娥、红拂、聂小倩、贾宝玉等等，无一不是如此。情之感天地万物，虽生前不得遂，死后也如愿；前世不得倾心，来生必会厮守；不为鸳鸯，也为亲眷。是以世上有羊跪乳、鹿断肠、并蒂花、连理枝；是以有钟楼怪人以身殉葬，朱丽叶痛饮鸩毒，祝英台哭坟化蝶。

我相信——这世上恐怕再没有比洒血的"情种"们更痛苦，更美，也更接近宗教空门精神的人。因为爱情就是牺牲，像殉教徒那样的牺牲。但读书如赏花，切不可太伤感。不如远看。

如《董解元西厢记》中总结的：

过雨樱桃血满枝，弄色的奇花红间紫，垂柳已成丝。对许多好景，触目是断肠诗。稔色的庞儿憔悴死，欲写相思，除非天样纸，写不尽这相思。拍愁担恨，孤负了赏花时。

英雄总是痴情人

插图硬皮本《特罗勒斯与克丽西德》

［英］乔叟

1957 年版

  杰弗雷·乔叟（1340—1400）大约是介绍到中国来比较早的西方中世纪诗人，他是莎士比亚前英国诗歌的日月天才，十四世纪英国文艺复兴时期的北斗人物。爱读书的人，即使没空看，起码也会收藏一本名闻天下的《坎特伯雷故事集》。但乔叟的另一本爱情叙事之作《特罗勒斯与克丽西德》，在中国却不太有名。首要原因是这书自 1957 年反右运动之后，就绝版了。其次，是莎士比亚的那出同名的悲剧，以其雄浑的光辉，暗淡了世界上的一切相同题材。有一年的夏天，天气暴热，我在紫禁城边一旧书市淘到了这本 1957 年由新文艺出版社出版的《特罗勒斯与克丽西德》。让我陶醉的不仅是书的内容，还有书中的插图——竟然是彩色的——这在那个艰苦的年代是很奢侈的版本。

  《特罗勒斯与克丽西德》的写作，以及乔叟的生活时期，基本相当于中国元末明初，也就是《三国》与《水浒》等书成型的时期。与他同时的另外两个类似的诗人是意大利的彼特拉克与薄伽丘。

那时候，但丁已经去世，莎士比亚还没诞生。

西方古典浪漫主义与基督教禁欲主义渐渐失去了魅力，欧洲文学正处在最渴望灵魂自由，追寻古希腊之美与英雄传统的时代：文艺复兴。

没有什么比爱情更能表达这种渴望的了。

《特罗勒斯与克丽西德》描写的是古希腊时代，特洛伊城与希腊国之间的战争时，特洛伊英雄特罗勒斯，爱上了一个先知的女儿克丽西德。他经过友人彭大瑞的帮助，绞尽脑汁，终于赢得了对方的爱情。但在一次休战中，因为交换俘虏，克丽西德却被送到了希腊的大营去了……特罗勒斯与克丽西德本暗中约定，十天后将重逢，但克丽西德到了希腊营后，却与另一人相爱，不再回来了。特罗勒斯不敢相信美人的薄情，出于对爱情的渴念与绝望，只得疯狂地投入战争，最后在特洛伊军队溃败的时候，在乱军中奋勇拼杀，直到阵亡。

英雄的肉身虽然是死于沙场，他的心其实已先死于情场。

乔叟故意在书中将贵族少女克丽西德的形象写得极美，也就更加让她的"薄情"与特罗勒斯的"痴情"形成迷人的反差。尤其是在最后，乔叟杜撰的一篇"特罗勒斯的情书"，真是写得哀怨绝伦：

　　鲜丽之花，我只侍候你一人，在过去，在未来，以我的身心，我的生命，我的愿望，思想，与一切，奉献给你；我以万物充满空间那样的坚定，并竭尽人口所能言和人心所能思的那样的谦卑，敬求你

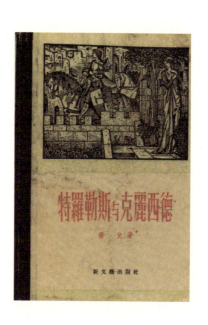

特羅勒斯与克麗西德

喬叟著

新文藝出版社

的垂怜……

一个英雄能这样说话，他在情感上的锐气大约是走到死角了。

但这也正是东西方文学中英雄的不同：中国古代小说里的英雄都类似暴徒，动辄杀女人，杀丫鬟的。

大约在中国人看来，自秦末霸王别姬失天下之后，凡是儿女情长者，哪怕是帝王，也都会英雄气短，算不得英雄。顶多算是才子，如李后主之类；更糟糕的还被说成是好色之徒，如隋炀帝之流。元代时虽然产生了像《西厢记》那样的伟大爱情作品，也有薛丁山、樊梨花，或者"梁祝""白蛇"等壮美的故事，但民间茶房酒肆里说到英雄，也依然是崇拜那些暴力残忍的帝王将相。如话本杂剧中曾云：刘备是吃人肉的；关羽、张飞之所以生死义气，是因为二人结义时，以互相杀掉对方的家人妻子为肝胆相照的基础；再如武松背负十七条人命，一半以上都是些女人。

这是很可怕的一种中古时代英雄主义模式：暴徒。

直到清以后的侠义小说，才正式有了言情的内涵。

但是在西方文学中，英雄爱美人是天经地义的，尽管美人无情，但英雄的痴心一点也没有影响他的光辉。自《荷马史诗》写海伦之后，毫无例外地，如《神曲》《哈姆雷特》《斯巴达卡斯》《悲惨世界》等书，也都是英雄的故事，但其中的英雄们却也都是围绕着某一个伟大女人的爱情而生活的。

"英雄难过美人关"这话在西方文明中一点贬义也没有。

同样都是因为愤恨女人的不忠而死于鲜血，死于战场，相比起来，我倒更厌恶梁山上那个靠杀了老婆换来英雄名分的"病关索"杨雄，而真心喜欢浪子燕青的风流情种，或像特罗勒斯那种在牺牲时忧伤、凄美而英武的雄姿。

"断袖"与美少年笔记

《藐视道德的人》

[法]纪德

1986 年版

"断袖"一词出于班固《汉书·佞幸传》。汉哀帝宠幸的佞臣董贤，"常与上卧起，尝昼寝，偏籍上袖。上欲起，贤未觉，不欲动贤，乃断袖而起。其恩爱至此"。后来"断袖之好"用来比喻所有男色的关系，正如"面首""男风"或现在的"Gay"这些词语一样。

但"断袖"似乎是其中最幽雅、最有美感的。

思其原因，大概是这个词语中包含有一个颇唯美的事件。

中国古人在审美和对事物命名方面，有一种含蓄的透彻性：即使在说所谓坏事的时候，也不会忘记这种含蓄。譬如男色谓之"断袖"，而男人绝交却谓之"割袍"。

最近，中国司法界和医学界宣布了一个让人啼笑皆非的决定："同性恋不再被作为精神病而受到歧视。"同性恋自古有之，在正史、野史和小说中都有明确记载，唐宋以后民间更是成风。而且古代中国很多著名的士大夫、文学家、艺术天才如庾信、柳永、李渔等等都嗜好男风，未尝见他们受到歧视。即使有歧视，也是来自礼教。可是礼教已经被近代革命摧毁了，那么这歧视从何而来？

藐视道德的人

纪德作品选

郑永慧等译

难道人天生就厌恶男色？那"断袖"者之间又为什么会互相吸引呢？

何以到现在才突然"不再作为精神病"现象而受到歧视呢？

其实，对男色的歧视只不过是对古代人文与审美的忽略与无知罢了。

男色一旦之为色，则比女色更容易绝对化、人文化。《金瓶梅》中的娈童，以及《石头记》中秦鲸卿、芳官等人与宝玉的关系是写得很迷人的。其他旧书与禁书如《品花宝鉴》《绣榻野史》等描写男色也很多。日本文学中更是多见，自井原西鹤至三岛由纪夫皆好此道；西方文艺界众多大师亦难免，如王尔德、兰波、柴可夫斯基、普鲁斯特、法斯宾德或帕索里尼等，有些是自己酷爱，有些则将其作为作品中的一大内容。

单就将男色在境界上阐释得最好的来说，应该算是二十世纪法国后期象征主义小说家安德烈·纪德。我至今不能忘记第一次阅读他《地上的粮食》时的惊奇感觉。这部描写作者和美少年之间感情与大自然风景交融的小说，最早收录在1986年版《藐视道德的人》一书里。纪德对美少年肉体与精神的爱，非亲身经验者无法写得如此感人，不知不觉抵消了我们因伦理习惯泛起的恶心：

> 当你读完了我的书，你就扔掉它——你就出走吧。我愿这书能给你出走的希望——无论什么地方走出去吧，从你住的城市，从你的家庭，从你的思想中走出去吧。不要把我的书随身带走。
>
> ……

任何人都能赤身裸体,任何感情都能饱满充溢。

我的感情开放了,犹如一种宗教。

……

拿塔纳埃勒,爱情根本不是同情。

行动吧,别去判断这是好是歹。

去爱吧,别担心这是善是恶。

拿塔纳埃勒,我要教给你热忱。

  作者诗化的语言魔力,让人在阅读中产生了极大的快感。其实同性恋大都是自恋的延伸,很多优秀的艺术家或政治领袖都有严重的自恋倾向,其中最富于激情的个别人往往会走向男色。有人大概会觉得男色诞生于性倒错和欲望。但历史上很多的文艺作品却似乎在证明,男色真正的始作俑者乃是:自恋。这正如"断袖"事件一样,是文化符号和历史遗产的一部分。自恋者一旦与文化思维挂钩,就很容易在其同性中发掘出与自己相似,或者自己曾经有过的美感,诸如青春、肤色、羞涩、纯洁等等。而且在男性身上赋予很多女性的特征更加完善自恋中的缺憾——这些"伪女性特征"尤其容易在少年身上找到,因为少年情窦初开而阳精未熟,是块性别模糊的璞玉。

  男色审美并不是性倒错,甚至也不是"性"行为。

  女人爱照镜子,男人则爱交朋友——自恋的方式不同罢了。

  拿塔纳埃勒,对于梅纳克,我的感情曾超过了友谊,几乎等于爱情。我曾像爱一个兄弟那样爱他。

纪德在书中标榜的同性爱情，也是对自我精神的一种恋爱。

《蔑视道德的人》收录了纪德六部小说，除《地上的粮食》外，还有《新的地上的粮食》《蔑视道德的人》《窄门》《梵蒂冈的地窖》《田园交响曲》。但其他几部的魅力都远不如《地上的粮食》那么极端绚丽。那真是一本用灵魂赞颂美少年的狂热笔记，是一个成熟男性对青春的异化式信仰。

小孩子们通常会奇怪，为什么动物中的雄性总是比雌性更华丽、奢侈？最典型的是狮子与孔雀，飘逸的雄狮鬃毛和绚丽的雄孔雀尾屏，时常被童年的我们误解：觉得那应该是女性才配具有的美。

但事实并非如此，尽管女性的柔和曲线也很美。

这区别是乾与坤的区别，群星与大海的区别。

男性的美色有着更旷远、雄浑和抽象的壮丽。这正如古希腊奥林匹克只允许男性裸体参加一样，女人身体在原始人文中一直被视为有缺陷的肉体，这一点东西方皆然，看过《黄帝内经》的中国人自然更会明白。而且所谓"绝对完美"本来就带有恶的成分，它之所以与真理并驾齐驱，并非因为它平庸正常，而是因为"完美"都是特殊的、坚决的、怪异的、轮廓清晰的。这些恰恰都是纯男性的素质。汉哀帝眼里的董贤，与纪德眼里的拿塔纳埃勒与梅纳克一样，大概都是集男精女魂于一身的天下罕见的尤物。因此享有天下的君主才会爱得甚至怕打扰了他的睡意，而天赋卓越的中年作家会写下永恒的书去怀念他们。那剪断了的半截衣袖，以及纪德心里对美少年往事的呼唤，都永远留在了历史上，成为男色美感可以脱离女性的对比而独立存在的见证。

无声瀑布

《枕草子》

[日] 清少纳言著, 周作人译

"瀑布是无声瀑布好, 这名字很有意思。"周译《枕草子》第五一段这样写道。

应该说周作人是近代被尘封得最久、最深而散文成就却最高的一位文学家。但历史泥泞残酷地搁浅了他的"苦雨", 使他无声地坠落在国家的深渊里, 正如他自己所翻译的那种"瀑布"。的确, 比起鲁迅暴怒的"轰鸣"来, 周作人的灵魂要复杂得多, 幽远得多, 矛盾得多。这些年, 周作人的书渐渐又回到了书店的书架上。若说鲁迅的盛名尚有当初强制推广之嫌, 如斯大林时代强制推广马雅可夫斯基和谢甫琴科, 那么周作人作品的复苏则完全依赖的是其自身的价值, 和一个旧知识分子在特殊年代对生命必需幸存的理念。

我了解周作人, 是从他旧译的《枕草子》开始的。

唐时白居易《白氏长庆集》流传到日本后, 立刻影响了日本平安时代文学史上最优美、高贵和质朴的两位女作家, 一个是《源氏物语》的作者紫式部, 另一个即清少纳言。当时此二人齐名帝国。周氏兄弟都在日本居住过相当长的时间。而唯独周作人对古代日语

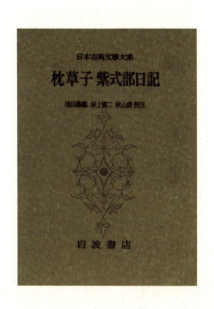

日本古典文學大系

枕草子 紫式部日記

池田龜鑑 岸上愼二 秋山虔 校注

岩波書店

意境之理解，与其对古汉语之参悟堪称同步。加上他个人淡泊修远的天赋，《枕草子》被翻译得几近完美。

后来读周的杂文随笔，逐渐明白了为什么他能译得这么好。

尽管林语堂等人讽刺周是"文抄公"，只会大段抄袭古文，然而这种讽刺不是外行话，就是对他"汉奸历史"的一个伪文学批评。若是，则郑振铎、陈寅恪、王国维，以及钱钟书等学术大家都是"文抄公"。相比起来，周作人算是抄得最少的。况且在周的行文中有着比其他几人广泛得多的唯美倾向，他谈鬼神，谈龙，谈儿童，谈爆竹，谈日本文化和思想革命，也谈蝙蝠、虱子、野菜、肉体、失恋、性道德、猫打架、冷开水和烈士，从希腊一直到印度，从废名、丰子恺一直到岛崎藤村……周实在是一位博览古今群书，且融会贯通的学者，如此一个几乎有魏晋风骨的清谈玄妙、雅爱苦茶之士，绝非"文抄公"三字可以概括的。这甚至是诬蔑，是我们民族对文化人格与历史人格之误差的严重混淆，是一个悲哀。

周译《枕草子》一书，深得日本古典少女幽雅的语感，质朴、细腻和隐秘，这在古今汉语随笔中都是没有的。中国古代几乎无一流的女小说家和女散文家，蔡文姬、薛涛、鱼玄机、李静安、贺双卿、柳如是等都主要是诗人，能留下鸿篇巨制者更是一个也没有。清代女隐士脂砚斋恐怕是最神秘，也是最伟大的一个了，但终究必须和曹雪芹相提并论。周译《枕草子》的境界是我感到唯一可以和脂砚斋文笔境界并驾齐驱的东方女性文学古籍。

《枕草子》一书随想随写，最短时只有一行，是清少纳言一生中最绚丽的时光记录和灵感记录。书之内容十分精深，是清少纳言长期在幽独中看摘叶飞花，观人情物理，参透日月星云禅机，博采蓬莱山海草木，终成集腋成裘之作。想译好这样一本终极著作，译者本人必须要有相当的功力。纵览周作人翻译的其他几本日本名著如《古事记》《平家物语》《浮世澡堂》《狂言选》等，其将古代汉语中骈体杂文的魅力借助得相当成功，神韵直追鲍照、王勃。但《枕草子》的译文须是现代汉语，而讲的又是古典风物，这其中淋漓微妙之处，周也只好译得一针见血了。

譬如开篇第一句话，在日本妇孺皆知："春はあけぼの。"若直译就是："春天即黎明。"

但周译为："春天是破晓的时候最好。"

看起来似乎有点啰唆，然深谙《枕草子》潜在语感的人都明白这么译最好，因为直译的意思是不完整的。

可以说，作家和学者都是作品的仆人。周译《枕草子》第二一九段说："女人理想的职务是：典侍，内侍。"可见，正如脂砚斋是解密《石头记》生活内幕的仆人，清少纳言一直认为自己是日本宫廷高贵生活和诠释日本山水的仆人。

周作人把这种东方女性特有的谦卑和神秀表达得臻于完美。

周译《枕草子》的幽雅绝伦，后人不敢望其项背，这并非由于周是二十世纪三十年代一个精通日语的"亲日文人"，那是他的社会宿命罢了。根源乃其本性里对古中国和古汉语的怀念与修为。就是身在日本时，正如他自己所说，也只是看到了古中国的往昔。周看到的不是中日文化的对垒，而是整个东方文明的衰亡。"亚细亚人当终将沦于劣种乎，念之惘然。"他在《苦竹杂记》中感叹道。但他的声音比起革命的喧嚣来说，太小了，实乃"无声瀑布"一般。

我们今天重读周作人的书，无论随笔还是译文，想起他以及近代文学的变迁历史，感受是多重的。1949年后，沈从文等相继停笔，梁漱溟等下放去了，钱钟书夫妇也做学术去了……文坛上一片空寂。众所周知，他在日伪时期的确做了很糟糕的事情而沦为汉奸，这是他的耻辱。但社会人格与艺术人格毕竟有差异，作为一个"反面名人"在二十世纪六十年代生活是艰难的，而周坚持写作到1967年去世。周当年的门徒沈启无在给他的信中写得好："举凡人世所谓拥护呀，打倒呀之类，压根儿就是个倚伏作用。孟轲不也说过吗？'赵孟之所贵，赵孟能贱之。'"和鲁迅一样，他们都是被历史与国家意识形态误解的作家。

《枕草子》第一一〇段说："可羞的事是：男人的内心；应是彻夜读经作法事的夜祷的僧人却偷偷睡懒觉。"试问当今有多少本该在家写作的人，却在市场经济的通铺上睡懒觉？如果说周作人作品是迂腐的，那也是一种勤劳的迂腐。起码他没有偷懒。这个嗜好苦雨、苦茶和苦竹的苦行僧般人物的书，还是值得我们再读的。遗忘他的作品如此之久并非因其是"文抄公"，而是我们对敏感人物的忌讳和怯懦。正如中国近代的喧嚣和可怕并不都怪世界的打扰，更多的其实是我们民族自己那颗混乱自卑的心在作祟。

奔腾缥缈的瀑布究竟有无声音？这恐怕在观者的眼睛，不在耳朵。

殉

《忧国》

[日] 三岛由纪夫

日本新潮文库版

政治美是可以蜕变成纯粹美的。

这一思想在三岛由纪夫最重要的小说《忧国》中得到了证明。《忧国》极短，就是日文原版也才只有三十页。但是，就连全集厚达三十卷的三岛自己也说："我的其他作品都可以不看，只看《忧国》就行了。它表达了我所有的一切。"

的确，我第一次读《忧国》，就感受到惊异、夺目、残忍，仿佛一片绝对美的光辉毁灭了我的视觉。小说取材于日本著名的二二六事件。军国青年军人武山信二由于兵谏失败，回到家中切腹自杀，他的新婚妻子丽子也和他一起自戕。死之前，两人最后一次做爱，死亡的疯狂和性的疯狂搅拌在一起，刺激着他们年轻的感官。三岛详细地描述了军服与皮肤的质感、愿意追随丈夫而去的古典女性丽子的肉体，用唯美的笔墨点染出睫毛、小腹、乳房、嘴唇和大腿在刺刀的照耀下发出的跳动，以及迎接丈夫最后一次抚摸时才能感到的快感。尤其看到两具无比完美的肉体即将消灭的时候，三岛写道："她的肚脐凹陷，犹如一滴雨水猛烈穿过后，留下的

139

新鲜痕迹。"以及刺刀挑开武山那纯男性的腹部:"一滴血于是像一只小鸟一样飞起来,停落在丽子膝盖的裙子上。"我震惊了。

这是我第一次看见用如此写意的方式阐述自杀。

当然,一本书的影响不仅在于它本身,还有它周围的一切。

不久之后,作者还自己演出了自导的影片《忧国》。

更彻底的是1970年,三岛由纪夫在东京市谷发表演讲,煽动国民重建古日本的民族精神。绝望中的作家早就决定,要用剖腹来警醒民族。失败的演讲结束后,他和他的一个学生就在演讲露台后面的房间里剖腹了。此事在日本国内引起轩然大波,褒贬不一。不过,从美的角度来说,三岛由纪夫的行动是完全可以理解的。他自己也常常说:"什么是美,就是只有一次,或者最后一次。"他的思想极端地强调美的悲剧性。像他那样的人,如果生命中没有死与美的对比,没有血的闪耀、刀的幽雅,没有体会到激情的速度、灵感的毁灭,就不可能找到生活的理由。他是军国少年,但是,他和普通的那些军国主义者不同,他最后的刀朝向了自己:这就是作为艺术家的英雄。

日本作家中没有一个达到了他那样的高峰。他是唯一作为英雄进入日本文学天才的历史的。行动——这是一个关键的三岛式的词。影响了我们的,感动了我们的,也是他的这个词:因为这个词变成事实了。

最近某个著名作家说:"三岛由纪夫混淆了写作与生活。"这是一句多么丑陋的外行话。难道写作和生活是可以分裂的两回事吗?不行动的伟大作家和不思考的英雄一样,是不存在的。

花ざかりの
森・憂国
三島由紀夫

新潮文庫

行动：就是殉。

殉，就是儒家常说的"仁"。

殉教、殉国、殉职、殉情、殉美、殉葬、贪夫殉财、烈士殉名……都一样。

在生中看见死，在死中看见生，这从来就是一切思想家、政治家、艺术家和作家最基本的生活态度和工作态度。

《忧国》绚烂的死亡美几乎可以改变一个懦夫，使他获得勇气。

它纯洁了政治，解放了性，扫荡了文学的虚伪，写出了完整的人心。

在我眼里，它可以是山水诗，是人物画，是哲学书，是音乐、情话、武道和教义，也是古中华帝国春秋精神遗留在日本的一星耀眼的遗迹。

无穷动

《西西弗的神话》

[法] 阿尔贝·加缪

每个有反抗意识的少年身上都会分泌冲动的激素：推翻现在的生活。

被推翻的那个生活并不是因为它是不正常的、坏的，恰恰相反，正是因为那生活太正常了，才会让少年们受不了。1989 年，我十七岁。对我来说，所有已经有的都应该被推翻重来：生命、父母、现实社会、爱情、旧审美、价值观、学校、钱、嗜好和反感……那是被折叠的一年。

冬天，除了读书，我几乎什么也不干。仿佛刻意要为自己"洗脑"。

我疯狂地寻找一切可能找到的、少见的、稀罕的、怪异的书。在旧书店、朋友家、图书馆，我像只颓废的土鳖一样，蹲在各种角落里咀嚼着石灰和文字，对全世界的只要是带字的纸狼吞虎咽，一天可以连续阅读十二个小时，还觉得只吃了个"水饱"。

自然，这样的阅读质量不可能是高的。

难得有什么书对我真正发生影响。

不过在众多的大部头与厚经典里，一本只有一百六十九页的小开本哲学书却使我深受感染：法国作家加缪著名的《西西弗的神话》。之前，我就读过他的《鼠疫》、《局外人》及几部戏剧。他的文学作品总是抽象的——似乎还在探索（包括他的未完成著作《第一个人》），不像他的哲学著作那么彻底。西西弗的神话偶然从一个侧面解决了我的准反抗情绪，使我认识到：单一的反抗并不是反抗的最高境界。比自杀更接近真理的态度是对生活说"是"。虽然加缪在书上第一句话就说："真正严肃的哲学问题只有一个：自杀。判断生活是否值得经历，本身就是在回答哲学的根本问题。其他问题——诸如世界有三个领域，精神有九种或十二种范畴——都是次要的，不过是些游戏而已。"

据我所知，那个时期受到此书影响的人有很多，一点也不比当时巴黎的青年少。从学者、诗人、艺术家到文化无赖、花花公子和混混儿，只要读到此书的，都能够在里面找到自己恶的倾向和行为准则。关于世界的荒谬性、唐璜主义、犯罪、哲学性的自杀和人的征服思想等，加缪作出了几乎接近于东方高僧式的精湛解释。词语是那么简洁，引证是那么干脆，态度是那么清晰，关键是篇幅还那么少——七万八千字。这对于一个在卷帙浩繁的学术历史和厚重啰唆的"存在与虚无"思潮中成长起来的西方哲学家来说是多么难得。

我当时感到，加缪已经说出了生活的一切、做人的一切。

我喜欢重复阅读这本书的原因，不仅仅是由于他的思想超过了曾经影响过他的克尔凯郭尔、舍勒、舍斯托夫、海德格尔、陀思

西西弗的神话

加缪著 杜小真译

妥耶夫斯基以及萨特，完全为我们指出了一种更符合人性、更坚强、更典雅的生活态度，还因为它的留白：简朴。即像泼墨山水、印痕、草书、禅画和明诗那样的留白——给观看者一片广阔的思考空间。也许我会在一生中无数次地重读此书，就像反复推石头上山的西西弗，这是一种幸福的无穷动。每次打开，我们都会看到，在相同的文字中出现与上一次截然不同的东西：因为我们的生活改变了它。

"人们可能会认为，自杀是在反抗之后发生的。这种观点是错误的。因为自杀并不体现反抗的逻辑结果。由于自杀采取的是默许的态度，它就恰恰是在反抗的反面。"加缪说。那么真正的反抗是什么呢？——"是对生活不断地说：是。"

比爆发力更强的力是：螺旋力。

西西弗就是我们每个人的日子：起床，上班，吃饭，笑，哭，提问题，战斗，抒情，恋爱，疲倦，睡觉，再起床……其实真理都在这里了。至于那些复杂的学术问题：社会有几种主义，哲学有几种注释，你信仰什么，达尔文和韩非子谁说得对等等——只要你不死，就都不过是一些游戏罢了。

异

书

毛将焉附？

影印本《发须爪——关于它们的风俗》

江绍原

1987 年版

读过《孝经》的人都知道，"身体发肤，受之父母，不敢轻损，孝之始也"。所以一提到古人留长发、长胡须、长指甲等，就觉得大约是孝道中最腐朽保守的一个特征了。虽然很美，却本非是为了美。后来封建与帝制被革命革掉了，于是大家才痛快地去剪了头发、胡子和指甲。

因为，既然一种传统道德的"皮之不存"，那"毛将焉附"？

二十世纪三十年代称留西方发型者为剃了"文明头"，却不知这"中华帝国文明"之头是否还文明？

普天下的动物，大约只有人在自己的肉身毛发上做文章。

譬如伊斯兰教就规定男人必须留胡子。

在中国，不但能做文章，而且还以此比附自己的道德伦理、审美倾向，并从中演绎出许多神秘主义与药物作用。尤其皇帝的头发胡子，称"龙发龙须"；将军的自然称"虎发虎须"。身份的高贵，自然也提高了肉身素质的珍贵。古代典故中，勾践"缵发文身"，曹操"割须代首"，都表达了古人对头发的重视；从唐太宗到宋朝皇帝，则都认为自己的发须与庶民不同，有神效。如唐人白居易有诗："剪须烧灰赐功臣。"

如此看来，估计"龙虎"身上的头皮屑都是"神物"。

而自巫术时代与《神农本草》伊始，"童男发"就具有很高的药物功效。

据说，头发、胡须与指甲的灰烬，的确具有一些止血作用；胎儿的头发、女人的头发，或者孩子的指甲，作用也都不一样，有些可以治疗"物入目"，有些则治疗咳嗽。头发是情人间的信物，也曾是道家与方士的谶纬之法，利用头发胡子做灵物……非但信物、神物与药物，头发的"图腾"最终还进入到了古中国的刑罚中，如《左传》中记录的五刑之一"髡"（剃光头），以及"耐"（仅剃掉鬓角）。对头发的侮辱与消灭，也就是对一个人的人格侮辱或消灭。

这种诡异的刑罚风俗，甚至说是"文革"时给人剃"阴阳头"的根源。

其实，类似的刑罚在古代巴比伦、亚述帝国与印度等地也都有。但世界上，大约没有一个民族像中国人这样喜欢在毛发上搞意识形态了。

指甲的迷信则更典型，《吴越春秋》等书记载，先秦时干将、莫邪铸剑，是将指甲剪了扔进火炉里去的。后来，我们在电影中看清朝宫廷里那些妃子，都戴着几只妖冶的指甲套，尖利而带着阴森的鬼气，可见贵族对指甲的爱与修饰是极讲究的。劳动人民要用手劳动，故无法留指甲，也就没有这"文化"了。在中东，直到今天，耶路撒冷的犹太妇女们如果要求丈夫忠贞于自己的爱情，也会将自

的指甲剪下来，做饭时和到面饼里给他吃。

如此等等，发、须与爪甲的文化迷宫真是很迷人的题材。

江绍原（1889—1983），与俞平伯等人一样，都曾是周作人的默认弟子。

《发须爪——关于它们的风俗》一书，就是由周作人写的序，俞平伯则为他做过很多收集资料的工作。江在书中博览了《春秋》《尸子》《淮南子》等众多典籍，以及从《灵枢经》《本草》到《千金翼方》等众多医书，并结合西方一些巫文化、风俗学、宗教理论等，详细地阐述了发须与指甲的文化。

历史上的江绍原其人，少年时爱国激进，曾参加过"五四"，闯进过曹汝霖家，被警察逮捕。他与胡适、鲁迅及周作人等的私交都不错，《发须爪》书一出来时，随即震惊了学术界，所有人都钦佩江的才华。晚年时他还研究过类似"盐神"这样偏僻的民俗宗教学，毕生在学校任教，是一个很纯正的读书人。其子江小原是个残疾人，却又是翻译家，"文革"时死于迫害。

我手上的这本，是1987年上海文艺出版社出的影印本。是我前几年在上海路过一个极小的旧书摊偶然买到的。此书我最早是通过读周作人随笔知道的，由于书的内容太吸引我了，于是也就不太在意版本了。在这个时代，几乎没有人再关心中国古代这些偏僻的杂学。记得周作人常念俗语："布衣暖，菜根香，读书滋味长。"于是管它那么多呢，自己喜欢就好。虽然纸张粗糙，印刷模糊，但却不失为一本心爱的古朴读物。

据说，伟大的司马迁也认为对毛发的损坏，是比"腐刑"阉割更厉害的侮辱。他在《报任安书》中说："太上不辱先，其次不辱身，其次不辱理色，其次不辱辞令……其次剔毛发，婴金铁受辱，其次毁肌肤，断肢体受辱，最下腐刑，极矣。"我想知道，一个把毛发问题看得比子孙繁衍，比肉身痛楚与残疾更严重的民族，它的文明究竟是建立在怎样的心灵基础上的呢？

在这个文明里，皮就是真不存了，毛发大约也还是存于人心的。

或许中国人的生活与灵魂，就隐藏在这些琐碎的风俗中吧。

单图单行本 《无冤录校注》

（元）王与

1987 年版

中华帝国制度，自秦始皇混一六国、中央集权后，各朝代大多自称"内修黄老，外示儒术"，而其本质却是以法家治国。虽有"法"，但又"刑不上大夫"，也就是说，根本还是有贵贱等级的。在历代正野史、笔记中，暴殄天物、草菅人命之事多如牛毛。但若就此说中国本无"法"，则谬矣。非独有法，且有法医、法典、法家，而且还有刑狱之学。

元代王与的《无冤录》就是最早的一本罕见、系统的古代法医学著作。

它与南宋宋慈《洗冤集录》及赵逸斋《平冤录》，并称为中国古代法医学的"检验三录"。而此书也是第一本我见过的，由古人详细阐述犯罪与非正常死亡的最完整的书，是第一本让我惊恐的"中古怪卷"。

它的神秘血腥及死亡魅力，几乎像是一面魔镜：映照着中古的罪。

我手中的《无冤录校注》是 1983 年出版的。蓝色封面，简装素

無冤録校注

纸，看起来不过就是那个年代一本随便的古籍。但是打开书卷，通篇布满了古人对尸体、对各种死亡的研究，如：自缢、溺水尸首男仆女仰、中毒、刃伤死、刺死、妇人怀孕死、强盗杀伤、勒死、棒殴死、尸首异处、火烧死、汤泼死、病患死、冻死、饿死、罪囚被勘死、压死、马踏死、自割死（剁手指并咬手指死）、针灸死、雷震死、车碾死、虎咬死、酒食醉饱死、蛇虫伤死，甚至坏烂尸、发冢（关于坟墓被盗的检验）。

上卷为"论辩"；下卷为四十三种"个例"。

大凡古时能想象的非正常死亡，都被收入了书中。

我读此书，如入六道地狱，见九幽苦刑，芸芸众生横尸遍野，千古亡灵姿势各异……很难相信这是一部专业著作，倒像是看了一场刺激感官的电影，读了一首残酷的史诗。王与行文大气朴拙，有商鞅、韩非之气度；笔法干净严谨，如《春秋》《尚书》之脉络。虽然不谈法理，只谈死亡现象，却深入犯罪学之骨髓。如其中谈到一个"男子作过死"。所谓"作过"，古时是指男女性行为。作者曰："男子作过太多，精气耗尽，脱死于妇人身上者，真伪不可不察：真则阳不衰，伪者则痿。"

也就是说，凡是真"脱阳"的死者，生殖器会依然是坚硬的。若不是，就一定是一件谋杀案，而非"脱阳"。

由此可见，古代法医刑狱家对非正常死亡的考察是很细腻的。

王与在"自序"中深刻谈到法医对于犯罪的重要性：

盖狱，重事也。治狱固难，断狱尤难。然狱之关于人命者，唯检尸为至难。毫厘之差,生命攸系。苟定验不明,虽善于治狱、断狱者,亦未如之何也已。昔宋惠父念狱情之失,由定验之贻误,曾编《洗冤录》;赵逸斋又订《平冤录》。吁!冤而至于洗、至于平,是犹凿龙门以决澎湃,固不若长江大河滔滔汩汩,安流昼夜之无声也。

古云:"冬至一阳生,夏至一阴生。"

在最生灵涂炭的中世纪,竟然有这样一部如此尊重生命的古书,今天想起来简直是奇迹。元代时,蒙古人暴政统治了汉族长达九十七年。在近一个世纪里,鞑靼游牧民族不仅用弯刀、战马和烈火使华夏江南一片焦土,民不聊生,文明尽毁,而且屠戮残杀过千千万万无辜的汉人。

冤假错案在那个朝代根本不是什么大不了的事。

而在《无冤录》中,作者却一字一句都显露出人命关天:这是中古时期很罕见的人道精神。

王与(1261—1346),字与之,温州人。他正是生活在自南宋末期到元惠宗至正年间的浙江地区,也是蒙汉斗争最残酷的时期。此书是他当了几十年监狱案牍,在晚年时才完成的,明朝以后极受重视,甚至流传到了日本、朝鲜等国。在古代中国黑暗的刑名天下,王与这个人的存在,简直神秘得像一个"锁国狱卒",一个在千古恐怖罪案与冤狱中行走的"地藏菩萨",一个法家幽灵。因为他写此书的目的,就是要通过自己一生对犯罪与死亡的经验,让"天下无冤民"。读他书时,我常有不寒而栗之感,又对他充满了仰慕。

佛云:"三海之内为大地狱。"

莎士比亚道:"世界也是一座监狱。"

法者救人灵魂,医者救人肉体。夫寰宇无限悲苦,乾坤两面狱壁,若论这世界上真有身在永劫灾难与罪业中,而又垂悯天下苍生,并敢在血污尸秽中以身实践的救世才人——微法医王与冷血俊逸之流,岂有二者乎?

"水浒"的前身与异形

《新刊大宋宣和遗事》

（宋）无名氏

1954 年版

我一直觉得：英雄是社会的"异形"，昏君是权力的"异形"，而美人是爱情的"异形"。之所以说他们是异形，并非因为他们都是与众不同的人，而是因为在古代中国这种黑暗的背景中，英雄、昏君与美人的存在都是反人道、反人伦甚至反人性的——是一些"奇怪的历史生物"。

譬如作为伪小说又是伪历史的《大宋宣和遗事》。

据说本书是宋人话本，元人有所修饰，白话文言参半。鲁迅则认为它"以钞撮旧籍而然，非著者之本语也"。其中的语言很混乱，但故事结构却很清晰。这本书就写了三个古代"异形"：落草的强盗流寇宋江、艺术才华横溢而好道教与美色的宋徽宗，以及帝国的妓女李师师。

落草：这是古代一种很典型的反制度现象，像如今之黑社会。

落草者的愤怒多来自冤案，或者对弱肉强食世界的不满。他们因为拥有保护自己的唯一手段——武功——而成为杀人的异形。

大约在十二世纪初，中国山东有三十几个杀过人的街头衙役、地保、渔民、犯罪的暴徒以及生活潦倒失败的军官、强盗、恶棍，聚集到了一个叫"梁山泊"的山头上落草造反，目的是要躲避刑法的制裁，维护自己生存的尊严。杀一个人是罪犯，而杀十个、百个，甚至引起战争，这就是所谓英雄，是王。在梁山上的这个王，就是宋江。

每个英雄都有自己越轨的具体原因：大多是世俗的被害者。

他们在仇恨与冤情无处可泄中拿起凶器，为自己失败的人生复仇。

而在帝国的京城，整天画画、写书法与炼丹道的皇帝宋徽宗，却爱上了一个精通艺术的妓女李师师。在红尘世界的皇帝与黑道山头的大王之间，展开了一场对民心的争夺……不久，这股小规模造反就被镇压了，宋江等一一被招安。当然，书中还更详细地写了宋徽宗的宫廷生涯，以及蔡京等官僚的行为。不过主角是以宋徽宗为主，写出了他和李师师昏庸而绚丽的淫乱爱情。

这就是今天那本《忠义水浒传》的雏形，几乎没有什么大的出入。

可以说，后来的施耐庵其人只是一个"伟大的编辑"，而非原著。

说到水浒故事的大概脉络，在宋朝与元代的各种话本、评书、戏曲与街头茶馆的闲话里早就形成了。而最完整的，就是《大宋宣和遗事》。此书按照《周易》开篇文字寓意，分为元、亨、利、贞四集，分别阐述宣和年间不同人物发生的不同遗事。老人常言"少不读水浒，老不读三国"，意思是说水浒太暴力，太血腥，少年看了容

易冲动，走向极端。

此话一点也不过分。

我十一岁那年就听过水浒评书，看了小人书，并背下了里面英雄的全部绰号。而到十八岁那年，我才完整地看了《水浒传》，三种续本都看了，十分陶醉。直到三十岁，才第一次见到《大宋宣和遗事》。

记得刚读完《水浒》时，我完全被感染了，觉得浑身都是暴力倾向。

它完全煽起了人身上最好斗的血液，以及男性的雄心与狂放。

而且，这种暴力倾向若与英雄主义的正面意识形态结合，就很容易使人产生联想——这是因为水浒本身是"失败者的理想国"，而渴望对不公平世界发起愤怒攻击的读者，就会成为一个个"异形"。说来也巧，当时是因为读1957年严敦易先生的《水浒传的演变》一书，我忽然觉得很想看所有与水浒相关的书，包括《荡寇志》、《后水浒》以及《大宋宣和遗事》，于是慌忙去琉璃厂旧书店找。

我对一个与我熟识的整理旧书的老头说："多少钱我都买。"

而当时老头摇头道："这书……太旧了，早就没有了。"

我听了很沮丧，带着失望的心情翻阅着堆积如山的典册……忽然，就在二层的一个角落里，寻到一本隐藏着的书脊已经缺损的书。我顺手抓起来，竟然就是这本1954年"新刊"的《大宋宣和遗事》。我激动得简直不敢相信。众所周知，二十世纪中叶，由于毛泽东对《水浒传》的爱，使得很多学者都从事对水浒的研究，也再版了不少与水浒有关的古籍。《大宋宣和遗事》就是其中最重要的一种。那之后，此书没有再版。

于是我拿着这书连夜阅读，如狂饮烈酒，双眼冒火。

的确，那一夜至今让我难忘。虽然此书远不如水浒写得宏伟壮丽，但我依然被感动了：我感到自己几乎又回到了十一岁，回到了中学第一次听水浒时的激动之中，回到了少年时代那些忧郁的春天，梦想着自己变成古代那些胆敢杀人放火，笑傲天下的英雄，变成了啸聚山林的"异形"。

地下室情绪

《地下室手记》

［俄］陀斯退夫斯基

1949 年版

陀思妥耶夫斯基的《地下室手记》大约要算最刺痛我少年时代骨髓的一本老书了，因为这书曾在我十七岁的中心，在我幽居于斗室的中心，也在我青春、暴力、愤怒与压抑的中心，陪伴我度过了一些个"没有情感却充满情绪"的夜晚——更重要的是，那时的我，也算是一个"地下室人"。记得读这书时，我住在音乐学院一个只有六平方米的发霉小屋里。那屋子漏雨、透风、墙皮剥落，每夜屋顶会传来野猫、老鼠或土鳖咬啮石灰的声音……在暴风雪来临的冬天，只有一盏鹅黄的灯，是照亮我阅读与写作的"爱人"。

就在那时，我找到了这本民国三十八年（1949）七月的单行本《地下室手记》。此书发行人叫陆梦生，由原上海文光书店印刷发行。书的扉页上是红字标题，除图书馆的蓝色印章外，扉页上还有一枚1962 年盖的官方"查"字印，已经红得发黑。这个查字，应该有审查与查封双层含义，即当时此书已不太允许被一般读者借阅（或是算在"须递交审查的解放前出版物"范围内）。另外，今天通译的陀思妥耶夫斯基，当年被翻译为"陀斯退夫斯基"。

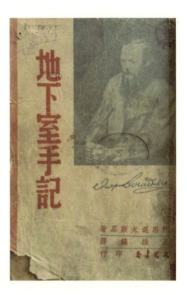

这是一本迷人的怒书、情绪的书、宣泄的书。

书虽小，只有十万字，但其核心意义却超过了陀氏其他的书。我以为这书是他的定海神针，其他五部大部头作品都不过是此书的"续编"和扩大化演绎而已。

书分为上下两小卷：上部为《地下室》；下部为《关于落着的雪雨》。

陀思妥耶夫斯基生活在十九世纪沙皇俄国，当时俄罗斯属于农奴制国家，而他作为知识分子的良心在巨大的苦难面前无法向外表达。据说陀氏最喜欢的事不是文学，而是赌博。他的心灵在东正教世界的清规戒律和沙皇政治交叉的统治下"痛苦而伟大地扭曲"了。在本书中，他一开始便宣称"我病了"，然后开始大量描写自己的愤怒、仇恨、对社会与人生的无端的亵渎和诅咒。书中的"我"，渴望杀人，渴望暴力，甚至渴望被人殴打，渴望被人视为最卑贱渺小的人——以此异化人性而获得大满足。

即使是施耐庵的暴徒与萨德侯爵的怪癖，也没有这个"我"来得这么狂躁。

这个"我"白天在大街或单位里亵渎别人，而一旦夜晚在家里，就开始亵渎自己，鞭策或污蔑自己——并注视着一支随时会熄灭的蜡烛，在黑暗中喃喃自语。对生活与爱情的向往，或偶然与一个姑娘的对话也不足以拯救他。这个"我"只有三十岁，激素与时代制造了他的歇斯底里和暴戾倾向，而其本质却是对十九世纪人性压抑的抒情。陀氏在开篇就说了这个"我"其实什么都不是——"不论仁慈或残忍，一个恶徒或者一个圣人，一个英雄或者一个微贱的人。我只是蜷缩在我自己的这个洞穴里，并且以一个才子毕竟不能变成任何东西——这令人激怒的无用的凝思苦恼自己：因为只有呆子才那样。"

他甚至直白地说了："一个十九世纪的人首先必定是一个无色彩的人。"

其实，地下室人并不一定住在地下室，有些还可以住在山上或高楼里，但本质都如在地下一样，内心黑暗、封闭、绝望和仇恨人间。西方小说中有很多类似的孤独到极限的"地下室人"。譬如雨果的"笑面人"或契诃夫的"套中人"，譬如卡夫卡的"K"或《地洞》中的那个怪物（动物）、萨特的艾罗斯特拉特、奥威尔《一九八四》中的温斯顿·史密斯、马尔克斯《百年孤独》中没人给他写信的上校、索尔·贝娄的赫索格、克尔凯郭尔《勾引家日记》中的约翰·尼斯，以及霍桑、果戈理、爱伦·坡短篇小说中那些众多的阴险家伙、荒谬市侩或杀人凶手们，更不要说中国古代志怪小说传统中那些遍布地下阴间的精灵妖魔、孤魂野鬼了。

有悲剧的情绪，就有悲剧的世界，反之亦然。

正如培根《习惯论》所言："思想决定行为，行为决定习惯，习惯决定性格，性格决定命运。"世界之所以有"地下室人"，也就是因为人类中总有一种"地下室思想"、"地下室性格"或"地下室情绪"。"地下室情绪"有主动的，也有被动的。如在现代集权国家或者宗教国家等特殊环境中，便可常见有各种"地下室行为"，或者说"地下室习惯"：因无法打开天窗说亮话，只能在黑暗中摸索、反抗或发牢骚。一切被封闭、被遮蔽、不能公开表达的人、行为或者文化产品，也被统称为"地下"。

"地下室人"的存在并非一般意义上的对世界苦难的不满，或者因生活痛苦而产生。我觉得正好相反——"地下室人"是对自己、对人性本身的不满。一个生活安逸奢侈的贵族，也可能有着"地下室情绪"，譬如萨德侯爵与普鲁斯特。正如巴赫金所言："《地下室手记》的主人公，简直可以说没有什么是他不知道的。他对于自己的时代、自己社会阶层的典型性，对他的内在面貌所作的正常心理学诊断，以及甚至是精神变态学的诊断，他的意识所从属的性格学范畴，他的可笑与悲剧，对他的个性所下的一切可能的道德定义等等。"（《陀思妥耶夫斯基诗学问题》第二章）

当然，最使人着迷的还是陀思妥耶夫斯基这本书。陀思妥耶夫斯基，这位"俄罗斯的萨德"或"残酷的天才"（米哈伊诺夫斯基语），作为十九世纪最伟大的作家之一，至今充满了诡异的魅力。当前而言，在十九世纪俄罗斯那群大作家中，唯有他具有现代性。因为他在书中对整个俄罗斯传统、对二十世纪基督教神学与原罪文献的思索，对人性之恶、暴力与犯罪倾向、性、酒、官僚、赌博、恐怖、极权主义与贫穷等社会问题的惊人解剖，都远远超越了那个时代其他大作家的思考维度，更接近现代乃至后现代主义对精神分析与社会病的透视。并且，他的作品《卡拉马佐夫兄弟》因其深刻性和重量级神学思考、对人间信仰的迷惘，至今仍起着"宗教大法官"的作用。他那极度黑暗悲观的妄想狂与自渎式叙述方式、喋喋不休的絮叨与邪性，经常会让我想到佛教中那位游身地狱的"地藏菩萨"，因为他所谓的"地下室"之真正含义，其实就是"精神地狱"。不同的是，地藏菩萨不过是一道虚构的、拯救地狱中无数冤魂恶鬼的宗教隐喻和神学悖论而已，而陀氏文学的恶魔式辩护，则更渴望拯救自己的灵魂纠葛和反抗世俗的挣扎，而非什么"众生"。

陀氏的"地下"并不在地下，而在世间每个人的心灵中，在那个十九世纪疯癫的"我"心中，也在那位一开篇便宣称"我想象是我的肝脏有了毛病，因为我头痛得不能思想"的伟大病人之心中。能救此病者，也就等于救了"精神地狱"，救了整个"地上"的世界。

补注：《地下室手记》近年来也出过一些别的新译本，但在我看来，语言气息都不如民国三十八年（1949）王维镐先生所译这一版好。这不仅是当代译者个人水平问题，还因民国白话文对古代汉语传承的准确与优雅，包括那一代人对俄罗斯文学与俄语的体会，加上自己的汉语修养，都是很难被今天所代替的。有心者还是应该看原来这个译本。王维镐先生此译本后来在1953年还再版过，他也还译过陀氏的《淑女》等别的作品，并有过单行本。但关于王先生的简介很难找到，待找到后再补上。

于 2016 年 2 月 9 日（陀思妥耶夫斯基诞辰一百九十五周年）

事事幽

繁体竖排版《唐人小说》

（唐）汪辟疆校录

1978 年版

我九岁的时候，曾住在南方的一个小院子里，院里有一口潮湿的井。

每到下雨时，我就趴在井口往下看，只见井里面深不见底，漆黑隐秘，好像一个古代的窟窿。偶然有一些雨珠滴落下去，井水随即泛起涟漪，将我的倒影扭曲成可怖的变形。

我记得，那狭窄的院子里还住着一个老头，姓袁，是个退休文人。他的阁楼里藏旧书颇多，虽鼠咬虫蠹，却从不示人。但那时我根本不知道书为何物，所以一点也不羡慕，只觉得他古怪吝啬。我看见他每日坐在井边读旧书，他老婆则在一旁摘菜、淘米、带孩子或扫地，不断地埋怨与责骂他。

但袁老头对老婆的牢骚充耳不闻，醉淫饱卧于尺素之间。

直到又过了十多年，我听说袁老头有一天从那井口跳了下去。

残酷的生活不是小说，却与小说有着密切的联系。那种诡异的相映成趣就好像我童年时在井中看到的倒影。我已经分不清楚往事的真与假。

追忆小说稗史，在中国本源自上古伊尹、虞初之流，后发于魏晋《搜神》，盛于明清话本。近代"白话文革命"以来，方与西方文学交汇，遂杂糅文言口语、俚俗长句，并吸收了许多典雅译文流畅的美感，以成就故事。然古代之所谓"故事"者，其多为无中生有，不过是淘洗历史，长夜挑灯中的一团团繁衍的烟雾，如痴人说梦。且古代小说的主人公，多为失意落魄的情种，或隐没伤痛的异人。他们的本质是悲剧的。因为只有创伤与失败的传奇，往往才能引起世人窥视时的快感。

　　在魏晋与明清之间，古代小说真正的成熟期是在唐朝。

　　《唐人小说》是目前最完整的本子，其中所搜录的小说，虽然有很多都见于宋人所编之《太平广记》或鲁迅的《唐宋传奇集》，但像这样把一个单独的朝代拿出来作为小说集的风格，仍是罕见的。这的确是因为盛唐时代本身的浩然博大。书中收入了如《古镜记》《枕中记》《游仙窟》《南柯太守传》《虬髯客传》《玄怪录》《甘泽谣》以及裴铏《传奇》等系列小说，整个唐朝的小说里，除了段成式的《酉阳杂俎》因篇幅太大没收，其余几乎都一览而尽。

　　此书中唐人所讲故事，大时如浓云卷山，飓风振海，蚁国万军大战，阴山鬼怪横行；小时则烈士断头，古洞无底，或有街谈巷议，不吝道听途说。古人在生活中所遭遇到的无限细腻，万千微妙，在皇权制度下产生的种种愤怒与颓废……总之，一切最悲伤的情感，以及那些在每一朝代中袭击过我们心灵，煽动过我们血性的神话，大都在这本书里翻滚着。就连谢小娥、无双、任氏、倩娘和崔莺莺等这些女主人公，也用她们那些香艳美色与奇幻生涯，为我们构造了一个空前复杂的、曼陀罗花式的古代世界。

当然，任何一本小说或小说集，靠几个故事，都不可能把这个世界写完。更何况是古代的故事！关键是——要影射到这个世界的本质。

《唐人小说》也有着这个帝国文学特殊的局限，其中所有作者的核心笔法，并没有完全超越晋人干宝写《搜神记》的鬼神心境，只是在行文与叙事上更宏大、更辽阔和缜密了。但是我相信，到任何时代——神话，终究都是不会过时的。昆仑奴、聂隐娘、红线女、妙手空空儿或李靖红拂的故事，对于今天的人仍然有着绝对的魅力。

神话是一种思维方式。譬如我们后来读尽天下的小说时，会发现无论是杜光庭、陶宗仪、刘斧、裴铏、王度、沈既济、李公佐、蒲松龄或苏曼殊讲的故事，还是萨德侯爵、奥威尔、埃柯、乔伊斯、普鲁斯特或拉什迪的小说；无论是白蛇、晴雯、胭脂、K 还是阿 Q；无论是郭文、日瓦戈、纳塔那埃勒、小王子、洛丽塔还是赫索格；从《说郛》到《沙之书》，从段成式到爱伦·坡，从佛本生的逸闻到旧约的奇迹，从寓言到戏剧，一直到现代人的笔记异闻、宗教符号、先锋杂烩、流派主义……所有这些小说人物或风格理念，都带着某种神话性质。他们不过是用了更绚丽的新语言，去诠释生命中那些自古以来就很神秘的遭遇与命运罢了。这就是西方学者所谓的"无边的现实主义"。

人终究喜爱窥视别人的遭遇，尤其是很奇怪、幻化的遭遇。

雷鸣狮吼、火海冰刀、山水风度、花草思想；日月以为镜，世事细如毛，那众生与众我混淆而成的某一个"人"，随时可以是一个幽灵、一个幻觉。唐人杜甫诗云："清江一曲抱村流，长夏江村事事幽。"《唐人小说》中几乎每一篇，都有着半神话的境象，确可以说在写人与事时，皆极为幽幻、幽远或幽静，不含半点平庸之气。这些传奇故事或许都是刀头舐血、焚琴煮鹤时的谜语或杜撰，但古人从来就不曾有过一点艺术上的怀疑。

可以这样说：《唐人小说》的存在，就是为了能将那些关于妖魔鬼怪的幻想，提炼为已经发生的故事，并作出最精确的叙述。千年之后，当一切都已成渑淄余灰、南柯一梦时，我们这些后人还能知晓他们当时曾有过的某些奇特的抒情、伟大的比喻，懂得他们的人格与理想。那其中有着中国人宇宙观与神学观最灿烂的表达，深入血液，总揽母语，就像一种叙事的"原罪"。

没有一个读书人不会因之着迷，如痴如醉。

中古间谍论

二黄注译本《间书》

（清）朱逢甲

1979 年版

> 我在我所仇视的世界里游荡，
>
> 我出卖过所谓的祖国，
>
> 当英雄们把自己的名字刻在大理石上时，
>
> 我——正崇拜着卑鄙无耻。

这是阿根廷诗人博尔赫斯在《间谍》一诗中的几句。

博尔赫斯本人也非常喜欢中国的志怪神话，譬如他曾给《聊斋志异》的西方译本写过一篇序，这样描述小说里的中国："这是梦幻的王国，或者更确切地说，是梦魇的画廊和迷宫。死者复活，拜访我们的陌生人顷刻间变成老虎，优雅的美人竟是一张魔鬼的画皮，一架梯子在天空消失，而另一架在井中沉没，因为那里是刽子手、可恶的法官以及师爷们的卧室……"

他对中国的理解是类似拉丁美洲魔幻现实主义的理解。

很多人还读过这个文学魔法师另一篇写间谍的小说：《交叉

小径的花园》，其中也影射到了中国。博尔赫斯在小说一开头就说："这是一篇间谍小说。"于是他像写"007"的故事那样，为此书设计了跌宕起伏的故事情节。有作为间谍的俞琛的故事、汉学家阿尔贝的故事、阿尔贝研究的崔朋的故事，还有"交叉小径花园"本身的故事。博尔赫斯借势中国文化的神秘性，构建了一本时间意义上极其神秘复杂的作品。其中的主人翁阿尔贝甚至说："时间是永恒交叉着的，在其中的一个交叉里，我是你的敌人。"

这句话说得很巧妙，类似埃舍尔的绘画，为我们表达了一种文明错觉。

但是博尔赫斯可能不知道，"间谍"这个称谓，在中国古代其实是一个很中性的词语，不像他上面那首诗一样带着国家主义的意识形态。而且，在中国的确存在着一本真正的详细阐述间谍思想的书——清人朱逢甲在1855年冬天写成的《间书》。

朱逢甲，字莲生，江苏华亭人，生活在清道光、咸丰年间。

他著《间书》一卷，其目的除了收集上古至近代的间谍智慧，还为了向清朝献策。因当时中国地方非常混乱，暴乱蜂起，尤其是苗民起义。他曾转战贵州，帮清廷打过几仗，胜利后归隐著书。在书中，他以跳跃性思维系统地论述了古代间谍活动所涉及的原则、事件以及技巧。对古人用"间"的论证阐释，鞭辟入里。从政治学上看，特别是对"先知敌情"与"离散敌众"用"间"功能的归纳，对"五间相兼""反间为本"等用"间"方法则尤其精到。《间书》是古中华帝国第一本专门写间谍的书，也是唯一的一本。其行文类似描写魏晋风骨的《世说新语》，短小精悍，一针见血。如：

間書

〔清〕朱逢甲編著
黄養怵今譯
黄長俊校注

群众出版社

用间始于夏之少康，使女艾间浇。

《左传·哀元年》云："少康使女艾谍浇，使季杼诱殪，遂灭过、戈。"

殷之伊尹，尝身为间，疑之者，迂儒也。

《孙子·用间篇》云："殷之兴，伊挚在夏；周之兴，吕牙在商。明君贤将，能以上智为间者，必成大功。此兵之要，三军所恃而动者也。"

《间书》不分篇目，朱在"自序"中说："以己言为纲，引群书之言与事为目以证之。"可见，他的目的是摘录古代的一切间谍遗闻，以总揽间谍之精神。于是他罗列了相当多的中国古代间谍典故，如：

《太公六韬》亦重用间。

《太公六韬》云：游士八人，主伺奸候变，开阖人情，观敌之意，以为间谍。

周公撰《周礼》，所言之"邦汋"，即间也。

《周礼·秋官》云："士师掌之八成。一曰邦汋。注云：汋，读如酌，斟酌盗取密事，若今刺探事。"

《尔雅》谓之"伣"。

《尔雅·释言》云："间"，倪也。疏云：反间，一名倪。

《左传》谓之"谍"。

……

按：谍即间也。《说文》云："谍，军中反间也。"谓伴为敌国之人，入其军中，伺候间隙，以反报其主人。又，郑康成《周礼·掌戮》亦注云："谍，谓奸寇反间者。"又，杜预《左传》注亦云："谍，伺也，兵书谓之反间也。"又，郭璞《尔雅》注亦云："间，《左传》谓之谍。"

《间书》曾经亡佚多年，后来第一个发掘者，是民国的朱启钤，1942 年他将此书发表于日伪时期的《中和杂志》。这个朱启钤也值得说一说。此人是个怪杰，字桂辛，号蠖园，1871 年生于贵州开阳。他曾担任过清末京师大学堂译学馆监督，北京内、外城巡警厅厅丞，东三省、蒙古事务局督办，津浦铁路北段总办，在北洋政府中当过五任交通总长、三任内务总长等一系列民国时期的中层官职。此人不仅嗜好古籍，且在建筑学方面有着过人的才能。他曾不断地兴办教育、整修古迹，还开办了中国第一家建筑学学术团体：中国营造学社。后来的建筑学家梁思成就在那里学习。当时西方《邮报》曾称赞朱启钤是"成绩斐然，在远东罕有其匹"的实业家。

间谍是一个神秘的职业，从古至今都激发着人们的想象。间谍史里不仅出现过像西施、貂蝉那样的美人计，先秦纵横家苏秦、张仪这样的鬼才，出现过像苏联克格勃"佐尔格事件"那样的冤案，或者日本军国妓女川岛芳子那样的怪物，还出现过左翼地下党或杀手刺客那样的英雄。就是到了今天，在经济社会中，充当商业间谍的人和在残酷的市场竞争中"用间"的行为，也并不罕见。朱启钤在中日战争期间发表《间书》，其深刻的用意在今天看来是很清晰的：他希望这书能启发中国人在战争与政治中的智慧，能作为一本对民族救亡运动有启发作用的读物。如朱逢甲在《间书·自序》中所云："徒读兵书者，不可以行兵。不读兵书者，尤不可以行兵。良医不执古方，断无不悟古方之妙。国手不拘奕谱，而实能参奕谱之奇。儒将不泥兵书，为能深解兵书之奥。"

兵不血刃而化干戈为玉帛，这是一种理想。

但中国严酷的近代史与大混乱，自然不是靠读博尔赫斯的小说意象或一本间谍文献就可以了解的。这里有太多的痛苦。朱逢甲是汉人，一定知道满汉之间的血腥往事。但在朝廷对苗民的镇压上，他又站在了清政府一边，充当参谋。我相信，当他带着官兵去剿灭苗族暴乱者的时候，同时也会想到百年前康熙皇帝对汉人的焦土政策，想到扬州大屠杀，想到明朝的灭亡。朱逢甲与曾国藩是同时代人。他们也有着很相似的战争经历。但在相当长的一段时间，类似那种"狗咬狗"般三角化的民族恩怨，是每一个像朱、曾那样的铁血汉族书生最大的心理阴影。

《孙子》曰："百战百胜，非善之善者也。不战而屈人之兵，善之善者也。"但怎么样才能尽量不杀人，不制造战争，而又彻底地让天下太平呢？

曾国藩觉得不可能,云:"书生好杀,时势使然耳。"

而朱逢甲则不然,他强调:"莫如用间。"

一个传统士人的抱负、想象力与天赋,也只能到此为止吧。

花瓣、碎金与乱码

《哈扎尔辞典》

[塞尔维亚] 米洛拉德·帕维奇

1998 年版

花是复杂的。

如果你仔细观察过一朵花瓣密集、花蕊繁复的花，它的美会使你昏厥。花是一座顷刻芳香袭人，又刹那便凋谢的迷宫。而法国学者雅克·阿达利曾总结：我们这个现代世界的特征正在返回古希腊迷宫时代。大城市高速公路、集成电路、电脑光纤和国际关系，实际上都是在重复古埃及或古巴比伦宗教与神话中对海螺、牵牛花、城邦建筑或女性子宫的思索。塞尔维亚作家米洛拉德·帕维奇在 1984 年出版，而大陆在 1998 年翻译进来的小说《哈扎尔辞典》，更是这种思维方式的典型著作。

螺旋与迷宫思想实际上一直存在于各国历代文艺作品中。

《哈扎尔辞典》讲述的是一个在中世纪乱世中被消灭的民族哈扎尔族的历史。但该书不是一般的描述，而是博尔赫斯式的旋转文体。全书大约分为三部分：红书、绿书和黄书。前面收集一些拉丁文概述资料，之后补充一些总结笔录。但主要还是中间的三部分：分别为基督教关于哈扎尔族的史料、伊斯兰教关于哈扎尔族的史

哈扎尔辞典

一部十万个词语的辞典小说

[塞尔维亚] 米洛拉德·帕维奇 著

南山 戴骢 石枕川译

料，以及古犹太教关于哈扎尔族的史料。

既然是辞典，就有条目。它的条目是人名或事物名称。

无数混乱的名称点缀着这部书的各个角落，如一树槐花。

在名称后面，是一些作者收集与幻想出来的所谓"史料"。帕维奇的笔力是惊人的。几乎每人一篇故事，每句一个比喻和意象。全书的人与事之间又互相有所联系——不过这联系完全靠读者自己去分析——犹如一团被幻觉浓缩的"一千零一夜"。公元七到八世纪时位于黑海与里海的一个梦魇般的民族，它的战争、辩论和苦难，它的公主、神甫、柱子修士、哲学家、可汗、诗人和罪犯等等，都被看似散乱地收集到一起，成为一幅曼陀罗式拼贴画。作者甚至还把书分为阴阳两个版本出版，其中有十七行文字不同，希望读者自己去解剖其中的玄机。其包罗万象的冥想与对各种历史谜语作的理性探索，甚至最后对历史上强权政治与民主的比较、对强悍民族毁灭弱小民族这一准达尔文主义的反讽和忧虑，在二十世纪类似的作品中无疑是第一流的，虽然这书不像《城堡》《尤利西斯》《迷宫中的将军》《沙之书》那样有名。

最吸引人的是书中不时闪现的比喻，那是神话与现代诗歌的混血儿。帕维奇是诗人，1967年就以长诗《羊皮纸》而登上欧洲文坛。他的小说无法避免地充满了抒情与狂想的痕迹。这一点他尤其接近博尔赫斯。不过身处宗教矛盾与现代军事、民族冲突复杂、战火绵延的塞尔维亚地区，他比后者更明显地影射了今日人类的创伤和毁灭的可能性。

古人常说："读书先读史。"因为不读历史，你的知识再丰富也是乱的。

读这部书,有点像在整理敦煌文献的碎金,也有点像在修补汉墓残片。

我想,当初那个叙利亚放羊的少年在山洞中发现基督教遗稿《死海古卷》时,一定有类似的感受。虽然他不懂,但他生活的地方天然地赋予了他一种对往事与历史的尊敬。

《哈扎尔辞典》是一种对历史混乱与人性结构的抒情式考古。

中国人也面临几乎是同样的问题:面对一地历史的花瓣、一堆在电脑中不时发生乱码现象的文字和文明,我们该怎样重新恢复往昔的意志、荣誉和伟大?虽然在纪传体《二十四史》文献中,无数以人名与事物名为条目的作品类似辞典,它们互相也有联系,但在查阅这些史料事件的同时,作为一个民族的后裔,是否应该更透彻,甚至更感性地关注到千年中被压抑或封存的幻想与美,而不仅仅是编年的事件?

所有的螺旋形,边缘再远,最后也总是一个整体。

或者全人类就是一个巨大的、正在随时流逝的哈扎尔族:它的意义必须被重新考证。

古希腊神话中,代达罗斯用一根丝线拴住一只准备穿越海螺内部的蚂蚁,而在海螺的出口处用蜂蜜来引诱那只蚂蚁,成功地找到了海螺迷宫的出路。在《哈扎尔辞典》密码式的思维写作中,我们也不妨借鉴自己历史的线索——回顾,以及自己求知的蜂蜜——审美,来避免迷途。所有的花都是一朵花。全世界的黄金量是守恒的,不会增加也不会减少。而帕维奇让人眼花缭乱的"哈扎尔族生活"乱码再复杂,也永远是一本仅二十一万多字的书。关键是你怎么读。帕维奇说:"你可以像查字典一样读,那么你就能发现你需要的那一点。你也可以随便翻阅,颠来倒去,这'辞典'也不要求你非连贯阅读不可。但是你反复读得越多,发现也就会越多。"

　　一个西方小说家神秘的叙事逻辑,几乎与道家的"其小无内,其大无外"的哲学不谋而合。超越文化习惯之上的,永远是天赋。

"影子不是真相"

精装繁体插图全译本《十日谈》

[意] 薄伽丘

1980 年版

1345 年夏天，以"黄祸"之名让罗马人闻风丧胆的蒙古帝国骑兵，已经打到了欧洲地图的边缘。他们将偶然引发战争的意大利商人，以及东罗马帝国的守军团水桶般地围困在卡法城墙内。可忽然，一个早晨，卡法守军吃惊地发现蒙古人在城下摆开了特殊的攻城阵势。他们不再使用云梯，也不再无谓地让成千上万的鞑靼士兵蚁附城墙，血腥强攻，而是在城墙外架起了一排排三人多高的巨大的木质抛石机。过了不久，随着蒙古王子一声令下，无数致命的"炮弹"向城内飞去。刹那间，罗马守军们一个个全都惊呆了。因为那些炮弹——竟然全都是一些蒙古士兵腐烂的尸体。

蒙古人为什么要这么做呢？因为这些尸体已经感染了一种可怕的瘟疫。

东罗马帝国的人还没反应过来是怎么回事，就被一具具正在腐烂的尸体传染了瘟疫。因为一场"炮轰"下来，城里就堆满了恶臭的死尸。凡是不小心触碰到这些尸体的人，都出现寒战、头痛，继而发热、谵妄或昏迷……然后皮肤大面积出血，身长恶疮，呼吸衰竭，快则两三天，多则四五天，就纷纷死亡。死后皮肤常呈黑紫色。

于是，这种可怕的瘟疫得到了一个名字——"黑死病"。

当时的欧洲人并不知道，这就是鼠疫。

这是中世纪欧洲历史上最骇人听闻的恐怖灾难。到了1348年，随着战争、农业歉收、饥荒和其他流行病的爆发，孱弱的欧洲举步维艰。在短短的两年内，黑死病就把欧洲近三分之一的人口送入了地狱，有两千多万人因此死亡。

战争与瘟疫的恐怖，让欧洲人对宗教与上帝的存在产生了深刻的怀疑。

薄伽丘的《十日谈》，叙述的就是在1348年，意大利佛罗伦萨被黑死病横扫期间，十名男女青年到乡村避难，借欢宴歌舞和讲故事消遣时光，十天里每人每天讲一个故事，共一百个"故事"的故事。瘟疫的恐怖并没有遮蔽作者的人文主义思想。作为天主教徒，作者竟然把抨击的矛头直指宗教神学和教会，揭露教规是僧侣们奸诈伪善的恶因，毫不留情地揭开了教会神圣的面纱，并辛辣地嘲讽教廷的驻地罗马是"容纳一切罪恶的大洪炉"。尤其是其中有关爱情以及"色情"的故事，在《十日谈》中占有很极端的地位。作者反对宗教禁欲主义，以巨大的热情赞美男女冲破封建等级观、蔑视金钱和权势、争取现世的幸福。此书宣扬人的理想，强调人应当健康俊美，又聪明勇敢、多才多艺……而最让宗教裁判所不能接受的是：薄伽丘还在书里讲了很多个犯色戒的故事，以教堂僧侣与修女的身份，用"魔鬼"下"地狱"来比喻男女生殖器往来的欲望和

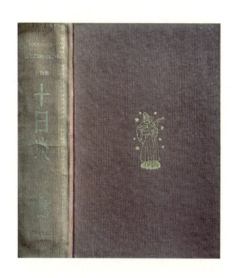

性行为。

这在当时的宗教压抑与中世纪文学中是非常反叛的。

意大利诗人薄伽丘，1313年生于佛罗伦萨附近的契塔尔多（一说生于巴黎）。青年时代学习商业与法律，并有机会进入意大利宫廷，接触贵族生活，同人文主义者广泛交游。他曾坚定地站在共和政权一边，反对封建专制，并多次受共和政权委托，出使其他城邦和法国。他是位博学的人文主义者，曾以新思想翻译与传播了很多古代典籍。他最崇拜但丁，晚年致力于《神曲》研究，还写了《但丁传》。瘟疫、性与宗教禁忌，是十四世纪欧洲思想家最关心的东西。薄伽丘在《十日谈》中刻画了欧洲数百个不同阶层、三教九流、个性奇特的人物，展示出意大利广阔的社会生活画面，抒发了文艺复兴早期的自由幻想。

薄伽丘曾言："诗即宗教。"

可以说，他真正的信仰是个性的自由。

他的书与诗，都让我想到英国诗人乔叟，以及他那本思想性质类似的《坎特伯雷故事集》。只是《十日谈》比前者更恢宏大气，行文也更狡诈、黑色和冷峻。它是投向中世纪欧洲宗教伪光明统治下的一片最耀眼的"文学阴影"。

其实，基督教与天主教的禁欲和教会制度，虽封锁过黑死病时代欧洲人的精神，却启蒙或动摇了中国传统社会。譬如明朝，那些与薄伽丘几乎同一时期的饱修国学儒术的士大夫们，从徐光启、李之藻、杨廷筠的学术，到清朝中叶的太平天国暴乱，甚至到民国的查理宋、孙文、林语堂、张学良等人，都从这一宗教中发觉过可能维新或变异的精神。他们或者在中国传统政治哲学和混乱的人性中找不到希望，或者对官僚制度与中国人的劣根性有一种彻底的绝望，最后就皈依了基督教或天主教，或将这宗教用作改变中国社会的武器。

这是两个完全不同的角度——一个是被中世纪宗教铁幕压抑后的爆发，一个是利用这宗教进行的准人文革命。

这本书在中国最早是 1958 年翻译的。"文革"时期自然被查封了，直到 1980 年的再版。后来，译者方平先生为之重新写了前言与后记。所以，我手里的这本《十日谈》，前面有很多原版的黑白版画插图，书的内容都是繁体字，而前言、后记却是简体字。这在出版行业里是一个很特殊的例外。

自 1980 年之后，此书的全译本就再也没有再版过，只出了一些节译本，究其原因，居然和十四世纪鼠疫肆虐的天主教欧洲出奇地相似——对其中那些有关"犯色戒"的篇章进行彻底删除。

性——竟然比瘟疫、战争与死亡更可怕。

薄伽丘在书中还对犹太教、基督教、天主教与伊斯兰教中那些神话的骗局充满了历史性的洞察力。他在书中曾讽刺道："你问我哪一种才算正宗？大家都以为自己的信仰才算正宗呢。他们全都以为自己是天父的继承人，各自抬出自己的教义与戒律来，以为这才是真的教义，真的戒律。"而其实呢？全都是权力的借口罢了。就好像那位搞"拜上帝会"的中国人洪秀全，当初还曾说自己是"基督的弟弟"呢。而那不过就是他个人的意淫罢了。

这个世界上的一切所谓律法与禁忌，一定都是权力的阴影。

试图以真理监禁别人的人，恰恰走在了反真理的路上。正如《新约·希伯来书》上所说："律法是将来美事的影子，不是本物的真像。"

见小日明

图文汇编本《易经来注图解》

（明）来知德

1989 年版

太初唯一，精凝神聚——这就是小。

聚久而散，是为万物——此便为大。

小大之道理如"易"之学——日月也，阴阳也，一也，时光更迭，万物旋转与变化之轨迹也。盖取天下人、物、事之总揽，四大五蕴之方法耳。古人繁而简之，则而图之，越千年衍典穷经以自照，不外乎两个字：真理。

什么是真理？尤其什么是天与人相对照的真理？

这个问题，从佛陀、老子、孔、孟到墨翟，从基督、穆罕默德、忽必烈、甘地到爱因斯坦……各代教主帝王智者们莫衷一是；从古希腊罗马哲学到黑洞论与氢弹的恐怖；从宗教到电脑——其实人类已经在地球上为自己编织了一个空前复杂的文明迷宫，仿佛是亿万重叠的河图洛书、交叉错位的立体卦象；浓云卷山，飓风振海，烈士断头，改朝换代，虽江山代有领袖，混世偶然先知，也终不能解。

为什么？正因为真理往往是嬗变的。

《周易》一书，就是中国古人探索"真理之变化"的一个最古老的捷径，也是最直接、最永恒的捷径。中华帝国文明的总根源皆来自"易"这个字。虽早有"夏曰连山，商曰归藏，周曰周易"一说，然上接三代冰河之结晶，下启诸子百家之分流，无出其右者。它是远古之总结，中古之开端，也是未来之启示。自伏羲而至于孔子，历经十余圣，自庄周而至于陈抟，又经百余贤……历代圣贤方士为它远遁山林，放弃了一切尘世奢华、风月本能，忍受了无数的肉体痛苦或残酷的风暴摧残，悬居峭壁，餐霞绝俗，皓首穷经，甚至洒血千古，才使得"易"学划过了几千年智慧的黑暗，在宋明以后达到一个顶峰。

明人来知德（1525—1604），字矣鲜，号瞿塘，生长在明朝嘉靖万历年间，本是四川梁山人。他对周易的主要贡献，在于他第一个强调了古今易图中一切关于"象"的奥秘。因为在汉朝前后，周易一般不是被其中的理学经书化，就是被谶纬之术或卜筮之学玄学化，作为周易四大元素的象、数、理、气之首的图象一学，反被忽略了。

象，就是大自然的现象。来知德说得好："象犹镜也，有镜则万物毕照。"

于是他整理了相当多的图画文献，用来详细解剖周易的精神。

《易经来注图解》这本书在明朝时叫《周易集注》，但来注《周易》和汉代的"京房《易》"与唐朝李鼎祚的"集解"都有很大区别，甚至也远不似于宋儒邵雍的理解。来知德很全面地使用了图象的手段，用类似我们今天所谓"读图时代"的方式在阐述他的学说。

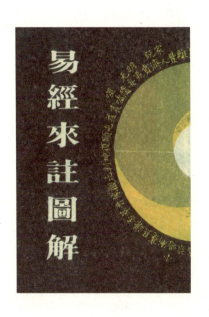

易經來註圖解

此书历代多有版本，大多残缺不全。二十世纪八十年代，今川人郭灿先生集腋成裘，补漏填空，才汇编而为现在的善本。

在原始宗教中，构成世界的元素大都是五行、天地、日月、偶像、图腾等；而在"易"中，构成世界的元素却是"数"。至于卦象与道理，本来都不过是数的表现而已。数，就是万物的终极象征。

但是如果没有图象的比喻，这个数就太抽象了，很难为我们所参透。

二分物我、三分天下、四方八卦，六阴九阳……一个神秘的"七"，也可以代表东方几乎所有宗教与哲学的思想。从哪里开始呢？

譬如古巴比伦人崇拜"六十"，我们今天的时间观念，手表与时钟里的六十进制就来自于此，所以人类的时间思维不过是对数的演绎而已。时间也许是虚无的。再如基督教思想崇拜"三"，所以有圣父、圣子与圣灵三位一体，也有地狱、净界与天堂构成的三维宇宙。在人类数学史上，几乎不存在"过时"，无论是毕达哥拉斯定理、托勒密《数学论集》、欧几里得《几何原本》还是中国的《周髀算经》，都对后世之科学产生着永恒的影响。圆周率的计算怎么会结束呢？五次方程、平方根、以太、磁场、基因、浑天仪、螺旋曲线体、卍理论乃至混沌，其中的奥妙都会随着时代的进步而不断变化。就像十八世纪法国神学家和数学家帕斯卡尔从《周易》阴阳二元论中获得灵感，发明了二进制的计算器，后来为西方带来了电脑革命：一个数字化时代的来临。数字化的事物正如光子或"Bit"，根本就是一种虚拟。但这虚拟，是它永不会腐朽的原因，也是它最大的奥秘所在。因为无论在物质不灭还是物质消失的地方，"数"的存在都是不变的。数之大者，为日为月，为星球寰宇之运行周期，风雨雷电之节气突变；数之小者，为人为心，渗透肉体发肤之形状声色，五官六根之精神气质。然"数"之终极毕竟在用，在行为，在计算，在"近取诸身，远取诸物"的实践。非用，不足以显"易"之尊。可我们怎么才能识别数与数之间的区别与行为呢？

所有这一切数的文本缩影——就是来知德所谓的"图象"。

上古鸿儒们的理、数之学纵然伟大，但若仅仅拘泥于它的原始文字，则不可能永远适用于后来的社会。在易学传统中，从四柱六壬、紫薇梅花、奇门遁甲到麻衣冰鉴；广而言之，京房、管辂之学，种放、穆修之图，朱熹、阳明之所理，陆九渊、来知德之所成；魏伯阳、葛洪、张三丰之丹鼎异术；张衡、苏颂、沈括之机巧勘测……皆非上古原有，乃后世贤达者呕心沥血与经验总结之所作。

人非神圣，何以穷宇宙之道理？不外乎一个"小"字。

何为"小"？道云"金丹一粒米"，佛曰"如电亦如露"。小者：核也，元素也，日晷也，沙漏也，生殖性器也，基本粒子也，偶然所得之一物、一事、一时、一人、一心一念也；太极四两拨千斤，牵一发而动全身也；小卦千万，集为"大衍"；大千世界，譬如图画。

李耳所论："见小曰明。"

基督有言："所罗门王穿得最华丽奢侈时，也不如一朵小花。"

从莎士比亚到霍金都看到了："果壳中包含着宇宙。"

最大的数和最小的数，都是"一"。唯一者，全部也。

而所有世间万物的现象、形象与想象——都被来知德统一到他所绘制与补充的图解里。他创造了一个最简单明了、图文并茂的玄学小宇宙。真通易者，无非举一反三、以小观大罢了。取一当下之小图为镜，反照万物博大精神。认识这个世界并不难，所谓一叶障目，不见泰山；须臾念头，上天入地。象形文字本来就是字画同宗、图书同源。只是看你能否在旋转的阴阳鱼图中洞若观火、明察秋毫，在勾勒黑白之间，锁尽千秋吉凶罢了。来知德参阅有年，摸索半生，其所识所云也是如此。正如他在书中所写的关于太极图的《弄圆歌》：

> 我有一丸，黑白相和。
>
> 虽是两分，还是一个。
>
> 大之莫识，小之莫破。
>
> 无始无终，无右无左。

这难道不就是最原始的中国式的"相对论"吗？

任何学问都是要发展的，"易"也不例外。如果没有图解，那就要发展图解。伟大的种子有了伟大的成长，就不会夭折。

桃花与鬼

繁体竖排版《搜神后记》

（晋）陶潜

1981 年版

蒲松龄曾自谦云："才非干宝，雅爱搜神。情类黄州，喜人谈鬼。"

读古书之人都很熟悉——干宝，是晋代第一个将所写之志怪小说合成一册的人，名之曰《搜神记》。其行文诡异跳脱，精练如骨，点染阴阳而又不失幽默，可谓中国古代短篇笔记体小说的"第一鬼才"。而如刘斧、牛僧孺、杜光庭、裴铏之流，皆不过是步其后尘而已。魏晋南北朝前后，是鬼神巫术颇为流行的时代。因那时战争连年，亡灵遍野，僧道寺院又多有繁衍。烟雨楼台中，生与死之间的界限显得空前地模糊。或如鲁迅所言："六朝人并非有意作小说，因为他们看鬼事和人事，是一样的，统当作事实。"

中国自古只有神话，或曰鬼话，而没有现在意义上的"童话"；只有蒙学、搜神记、捉鬼的故事和"两小儿辩日"，而缺乏安徒生、格林兄弟、王尔德的美少年或基督的传说。还记得在二十世纪八十年代，当我第一次读完法国现代作家圣·埃克索佩里的《小王子》时，我望着窗外出了很久的神。我觉得我读到的不是一篇简单的童话，而是一种欧洲式的宁静，一种先知的大气。比较起我书架上那些著名典籍深邃的昏暗来，薄薄的《小王子》曾宛如一册朝霞，照耀着我少年时代的腐朽，安慰着我泛滥的颓废。它把一切说得那么简单，却那么惊人的好，以至于我都不想再看任何"大人"的书了。确如曼德尔施塔姆的诗所说：

> 只读孩子们的书，
> 只珍惜儿童的思维。
> 成年的一切早已烟消云散，
> 从深深的悲哀中起来反抗。

但是说归说，《小王子》的童话美毕竟是别人家里的事。而对鬼故事、狐狸精或妖魔化世界的畸形热爱，早已经生长在了每个中国孩子的血液里。尤其是那些古人在笔记中写的幽灵、志怪与传奇，那阴森而怀旧的神秘意境所带来的刺激，是任何西方童话与恐怖电影都比拟不了的。

涉及鬼怪的笔记浩若烟海，一辈子也读不完。譬如托名陶潜的一个晋朝人所写的那本《搜神后记》。

我几乎是在读《小王子》的同一个时期阅读的这本书。记得其中关于佛图澄、胡道人咒术、骷髅百头、腹中鬼、蛟子、毛人、古冢老狐、狗变形、放龟等故事，关于作者所描绘的那种妖精天下，那种海市蜃楼般壮丽的半人间半阴间图景，都让少年时代的我深深难忘。如果说读《小王子》那样的童话是我心里最阳光灿烂的记忆，那么读《搜神后记》这样的鬼话则是我心里最月色绝伦的往事。一

搜神後記

〔晉〕陶　潛撰
汪紹楹校注

种是纯洁，一种是古雅。前者是隔岸观火，后者却是病中看雨。

晋朝诗人陶渊明写了很多诗，也的确写了著名的《桃花源记》，并被收藏在本书中。可是，这个有着"采菊东篱下"悠然心境的隐者也会写鬼故事吗？这是很多人读《搜神后记》时，谈到本书作者真伪的第一个问题。此书虽旧题"晋陶潜"撰，但其中记载的"干宝父妾"的事，全都抄袭于《晋书》。剽窃之迹，昭然可见。明人沈士龙在跋中谈到，陶潜的书，多不称年号，以干支代之，而此书却题永初、元嘉等，其为伪托，固不待辨。

但是这些或版本，或伪托的事情，与文学的伟大有什么关系呢？

我以为大可不必去理会它。伪托了陶潜又怎么样？那说明陶渊明在当时是一个受到广大读书人景仰，且敢于蔑视仕途的诗人。将讲鬼故事之名托在他身上，正是为了比喻他当时"心远地自偏"的孤傲与半地下状态。此书行文太朴而精到，非唐以后之人所能撰写。况且这本书在梁朝前就很流行了。陶的名字只是个文化符号而已。譬如在《隋书·经籍志》著录时，已云是陶潜所写，则赝撰嫁名，其实由来已久。无所谓。再譬如到了唐朝，"茶圣"陆羽在写《茶经》时，还引用了其中关于"晋武帝时，宣城人秦精，常入武昌山采茗"那一则故事，内容与此书所载相合。后来封演在《见闻记》中有"有人因病能饮一斛二斗，后吐一物"的故事，也与此书"桓宣武督将"基本一样。这些都证明了，后人所看到版本与古本，都是出自一个六朝文学隐士之手。至于他是不是陶潜，根本不影响此书传达给我们的那种阴郁大美。

自晋人干宝的《搜神记》出现后，汉语小说的中古史上就相继同时出现过好几本同名的书，都叫作"搜神记"，虽然都是志怪一流的小说，但搜集的内容却不一样。而我手边 1981 年版的这部《搜神后记》最值得收藏的地方，就在于此书的后半部里，还收录了敦煌石室版句道兴的一卷本《搜神记》，以及商濬《稗海》中的八卷本《搜神记》，都是虽无注释，却很完整的现代善本。除干宝那本名著外，六朝时代几乎全部的妖精都尽锁其中，逍遥自在。

　　夫古人笔墨渲染的魑魅世界、僧道仙境、奇闻旧事、丑身怪胎……都是一种离我们今天生活很遥远的幻景。但如果你有时抛开白昼的红尘喧嚣，在冬夜的灯下展卷小读，那种冷艳的想象力，也立刻会跃然纸上，令人神往。这不是沦陷在现实困境中的人所能理解的。甚至连伟大的杜甫都曾用诗怀疑过，所谓："陶潜避俗翁，未必能达道。"但是在我心里，古人笔下那些"鬼域"的存在——就好像那"不知有汉，无论魏、晋"的桃花源，好像那些为避秦难而保持着纯真的人一样，可遇不可求。古代那夹岸数百步的桃花与鬼，其实都活在读书人爱史的心里。虽然有人也许见到过那"林尽水源，便得一山。山有小口，仿佛若有光"的神秘去处，但如果你想再一次去寻找，却未必能找到。因为它们已经与时间之书，也与帝国的文明融为一体。

孤

史

兴灭国

线装四部备要本《越绝书》

民国年间

孔子云："兴灭国，继绝嗣。"

古希腊与古罗马都讲征服别国，信奉过拜火教的蒙古帝国或波斯帝国，更是渴望横扫各文明；但深受儒家和墨家精神影响的中国古人，却很接近基督教，一直是带着"救世主"的态度生活的。对于儒家士大夫，或者墨家"矩子"来说，最高贵、最光辉的行为不是征服别的国家，而是去复兴那些已经被消灭了的国家，甚至还让那些因灾难杀戮而家破人亡的种族后裔得到传承。

《越绝书》的"绝"字，就来自这一伟大的"救世思想"。

因为越国曾经就是一个连君主都沦为奴隶，完全被吴国灭绝了的国家。

古人写此书，就是在某种意义上光复越国的存在。

关于此书的作者是一个谜：一说是孔子的门徒子贡，另一说是伍子胥，然后还有会稽的吴君高、袁康等人，更有说此书是东汉初年以后的人写的，甚至三国时才写的，或自春秋以来，多有撰者，几易其稿也未可知。

但是这些都不重要——就是无名氏也无所谓。

关键还是《越绝书》是记载上古吴越史与王霸术最重要的一本典籍。

此书中，写了很多我最爱的古代英雄，如刺客专诸、伍子胥、勾践、阖闾、计倪、文种、范蠡、欧冶子等等，尤其是越王勾践。据开篇所云，此书之所以言"绝"，而不说"经"，有很多含义：除子贡出师后有乱齐、破吴、兴晋、疆越的作为，而后来贤人们见孔子作《春秋》却忽略吴越之事，所以叫"绝"之外，还有一个原因，就是越王勾践的精神，曰："内能自约，外能绝人。"

想起书中之《越绝外传记·宝剑》一篇，读来真是堪与《庄子·说剑》一文相媲美：

> 昔者，越王勾践有宝剑五，闻于天下。客有能相剑者，名薛烛，王召而问之，曰："吾有宝剑五，请以示之。"薛烛对曰："愚理不足以言，大王请，不得已乃召掌者。"王使取毫曹。薛烛曰："毫曹，非宝剑也。夫宝剑五色并见，莫能相胜。毫曹已擅名矣，非宝剑也。"王曰："取巨阙。"薛烛曰："非宝剑也，宝剑者，金锡和铜而不离，今巨阙已离矣，非宝剑也。"王曰："然……"

如此简练潇洒之行文风格，如此精湛锐利之英雄语气，皆上古先秦时人才有。古文之含蓄美就在于此：虽然不写人的表情与环境，却每一个词都透露着当时的气氛。光看这一篇对话，勾践其人的阴鸷与大气就已脱颖而出。

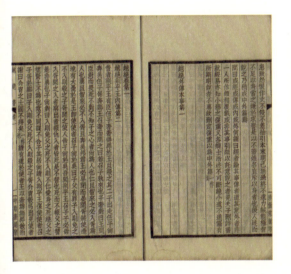

越絕卷第一

越絕外傳本事第一

越絕卷第一

越絕外傳本事第一

越絕書

卷全

每个中国孩子自小时候上学起，就听说过"卧薪尝胆"的故事。

　　我也不例外，但童年恍惚，并不能懂其中真意，只是泛泛理解为与孟子"天将降大任于斯人也，必先苦其心志，劳其筋骨，饿其体肤"相类似的，让人要学会忍受艰难痛苦的一般格言。后及年长，多读古史，才懂得自勾践、范蠡以来之道家精髓、阴柔功夫。所谓"尝胆"，非仅为不忘疾苦，乃是因为勾践在吴为奴隶时，为博取吴王夫差信任，趁夫差病，曾主动要求品尝夫差的大便。他尝粪以辨别病症，表现自己的"忠心"，赢得夫差的不疑。后因此多年患口疾（口臭），故时常舔食苦胆以治疗之。一个君王，能为如此下作之匹夫，那这世界上就没有他办不到的事，没有他夺取不到的权力。如老子所谓："善为人下者为之王。"且达到此境界的人内心也多变态，多谋寡情，正如东汉赵晔在《吴越春秋》中描写越王复国之后，范蠡曾劝文种隐退时所言："夫越王为人，长颈鸟喙，鹰视狼步，可与共患难而不可共处乐；可与履危，不可与安……"

　　所谓"狡兔死，走狗烹"，文种不听范蠡之言，后果然被杀。

　　至今，杭州钱塘潮来时，依然被视为文种冤魂反扑。

　　道家云："猛禽将飞，其翼也缩；猛兽欲扑，其身也伏。"历史上很多人在失败后若想东山再起，也都走的是同一条路：伪善。

　　当然，《越绝书》还远不仅写了人物斗争史。它的成书深刻影响了赵晔写《吴越春秋》，且从远古尧舜至春秋末年、战国初期，以吴越争霸为主，上溯夏禹风骨，下迄两汉源头，旁及诸侯列国，对当时吴越的山林原野、天文地理、历法语言等都有所涉及，很多记述为此书所独有。吴越文化的影响是深远的，它不仅开了战国七雄的先锋，下启三国东吴史，且还将精神传到了东瀛海中——如日本和服也称"吴服"，即来源于吴越帝国。

记得1983年冬天，我十一岁，曾跟着中学老师在上海博物馆里第一次见到了传说中的那把两千年前的"越王勾践剑"。那剑花纹隐约还在，但已然全锈蚀了，放在架子上，刃边全是缺口，老得与烧火棍差不多。我很难想象这就是千年前征服过无数人的王者之器。但这有什么关系呢？就像是如今在我手里的这本老线装书，我是十多年前在上海城隍庙外的旧书店找到的。书已残破、褶皱而昏暗，单薄一册，世无再版，已经很少有人还能想起去读它了。但只要你一打开，它就总会因其久远惊绝的上古智慧而荣耀出光辉。

正所谓："灭国虽绝，王气犹在；残书蠹纸，不朽圣言。"

大自然与战争的"旧约"

布脊硬精装本《腹地》

[巴西]库尼亚

1959 年版

一个民族也许有一本大书就够了。

犹太人有《旧约》,印度人有《吠陀》,古希腊人有《理想国》,中国人有《史记》,阿拉伯人有《古兰经》……在二十世纪中下叶 "魔幻现实主义" 文学没有形成爆炸的趋势之前,拉丁美洲与南美洲民族最神圣的一本书,也许就是十九世纪巴西作家库尼亚的《腹地》。

很少有书是这样写的: 一半写风景,另一半写民族历史。

上卷 "腹地" 完全写土地与居民,下卷 "斗争" 写了一场壮阔的战役。

1959 年出版的《腹地》,书脊是暗绿布面装帧,硬纸封面,用红色版画图案,边角上有一枚已经发黑的 1962 年的封存印: "查"。书页发黑,可见此书在图书馆曾封存有年,很久没人翻阅了。

记得张爱玲曾云: "弄文学的人向来是注重人生飞扬的一面,而忽视人生安稳的一面。其实,后者才是前者的底子。又如,他们多是注重人生的斗争,而忽略和谐的一面。其实,人是为了要求和谐的一面才斗争的。"

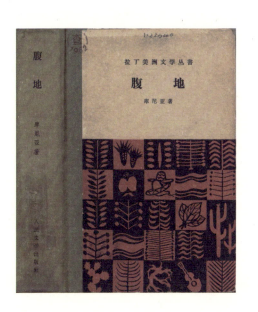

这话说得到位，且从女性角度讽刺了"超人"主义写作的虚伪性。

细想的确如此，古今好的书，多是两全其美的。如普鲁斯特与曹雪芹文字的美，都是在静谧和谐中，潜藏着一种伟大神秘的飞扬，或为感知，或为女人，或为山水……分而阴阳，合而混元。《腹地》就是这样的书，虽然没有描写爱情，但这书之所以被巴西人称为"民族主义的圣经"，就是因为它在写作上具有一种暴怒与幽怨、飞扬与安稳并驾齐驱的气势。

整整一百年过去了，再也没有人能写出这样的书。

宁静与锐气并举，山水淡泊与民众情绪齐飞：这种写作是奇迹。

一开篇，这位"拉丁美洲的天才"就用朴素的笔法，详细阐述了巴西中部腹地的气候、暴风雨、干旱、岩石、大自然的脾气、山、植被、树的分类……直到人种学、民俗、传说、血统、当地原始宗教和历史的遗迹等等，为我们展开了一幅幅自然画卷。

仅这一描写，就有二百多页。几乎是一本独立的书。

接下来的第二卷，才开始从一次冲突，与一个癫狂的原始基督教诺斯替派教徒"劝世者"，忧郁的隐士安东尼奥·贡塞也罗的生涯开始，描写十九世纪末巴西发生的改变民族历史的"卡奴杜斯战役"与大屠杀。据说此人预言了那腹地中即将发生的无数灾难，成了当地居民反抗政府的精神领袖，最后他自己也殉道牺牲。而经历那场大屠杀之后当地只幸存下了四个人……同样的题材，二十世纪中叶时秘鲁作家巴尔加斯·略萨也曾经写过一本小说，叫《世界末日之战》，但那纯粹是历史小说，远没有《腹地》这书来得神奇、大气和朴实。

这是真正堪称大地上的书，人子的书，苦难的书。

它的确是巴西腹地大自然与战争混一的"旧约"。

欧克里德斯·库尼亚这个人，本身就是一位沉默、孤独，内心却像火焰一样可以燃烧世界的诗人，一个反抗暴政的作家。此书写出后不久，他就因为政敌的仇恨，而被刺客用枪暗杀了。1909年8月15日，他刚下火车，走在大街上，被一个军官模样的人开枪当场打死，倒在血泊里……就是因为《腹地》这书暴露了军界的罪恶。接着，就像谭嗣同、圣雄甘地或索尔仁尼琴等人一样，库尼亚也因自己的悲剧，从一个作家成为民族的"圣徒"。

我还想说的是：尽管在近代中国历史上有着很多比卡奴杜斯战役更悲惨、深刻，且启示性大得多的事件，却没有一个人写出过这样的书。虽然近代中国也曾有一些承受了苦难的文人，如闻一多、柔石或李敖之类，却从不曾有一人文笔大气而达到库尼亚这样的高度。鲁迅深刻，却身陷绝望孤冷；老舍精妙，而缺乏山林气度；林语堂、周作人、梁实秋、冯文炳之辈皆流于长短琐碎之哀怨，后又沈从文搁笔、傅雷自戕、曹禺才尽、巴金忏悔……近代中国有无数伟大的事件，却没有一个作家有机会，有意志，去写一本完整而神圣的，可以代表一个民族良知与见证的大型著作。

何以如此？也许非士人与文学之罪，乃时势之残酷使然也。

真希望《腹地》能再版一次，让当代这些活着号称先锋或名家的"笔阀"们停下来好好想想——究竟我们应该怎样写作，才能无愧于心。

"神 粮"

万有文库本《英雄与英雄崇拜》

[英]嘉莱尔

民国二十六年版

　　每个爱书之人都会有一两本老书永远带在身边。

　　自少年时代以来，我无论走到哪里，口袋里就总有一本百读不厌的老书，它几乎成了我一切行动的指南：《英雄与英雄崇拜》。

　　虽然这是一本西人著作，但我却觉得它已经长进了我的血肉里。

　　从某种意义上说，"全人类"是没有整体历史的，只有属于个别"大伟人"或特殊事件、特殊人物的历史。这一点，中国的《二十四史》里如此，希罗多德的《历史》里也如此。在亿万年时间中，各人种、各民族与各文明中的无数生来死去的庶民们，都是被遮蔽、被忽略了的。人不需要整体史，只需要用个别人来代表自己——这些人就是：英雄。

　　而人民、大众或种族，从来就是一个借口，一个背景。

　　英雄没有性别，有时他是长老，有时是少年，有时甚至是美人。

　　英雄也没有世袭，没有血统，没有阶级或职业分别。他可以出

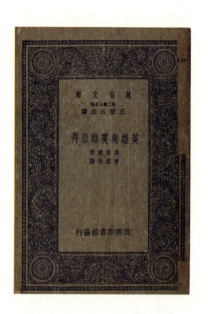

萬有文庫
第二集七百種
王雲五主編

英雄與英雄崇拜

高崇謙著
曾虛白譯

商務印書館發行

现在任何皇宫、贵族、草莽或市井凡夫中，因改变当时之时代或扭转突发事件而受到人们的景仰倾慕。

英国哲学家嘉莱尔（现通译为"卡莱尔"）在《英雄与英雄崇拜》一书中最精彩的思考就是将英雄定义为一个精神的种群，有：

成神的英雄　　奥定，异端教—斯干狄那维亚的神话；

成先知的英雄　摩罕谟德—回教

成诗人的英雄　但丁　莎士比亚

成教士的英雄　路德—宗教改革　脑克斯—清教

成文学家的英雄　约翰逊　卢梭　彭士

成王的英雄　　克伦威尔　拿破仑—近代革命家

这是人类英雄群中的很小一部分人，甚至是十九世纪之前英雄群里很小的一部分人，但这惊人的分类法，却让少年时代读书的我大吃一惊。若由此逻辑推演，还应该有更多的分类：如成暴徒的英雄、成哲学家的英雄、成隐士的英雄、成艺术家的英雄、成演员的英雄、成囚徒的英雄、成美人的英雄等。如果说因读了关羽、林冲、赫拉克勒斯、参孙或新武侠小说，从而让我与我这一代人自童年起就有了英雄主义倾向，想当英雄的话，那么长大后读了这本书，才让我更清晰了自己"究竟想当一种怎样的英雄"。

《英雄与英雄崇拜》本是一部讲义，是嘉莱尔在大学讲授历史的记录，但由于其精湛的语言，出口成章，自由洒脱，就像爱默生那样，几乎不用整理，就已经是一部成熟的书。托马斯·嘉莱尔（1795—1881）呼唤英雄，并不仅是因为他那个时代的确是最需要英雄的时代，也并非由于尼采等的"超人"哲学当时在欧洲的广泛影响，而是因为"英雄将永远是天空中的北极星"。直到今天，无论是在全球经济混战、中东宗教冲突，还是好莱坞电影里，那些最迷人的角色，仍然是让人类陶醉了千万年的偶像崇拜：英雄。

但是英雄并不仅是一张在战场上流血，或监狱里断头那样的脸谱。

英雄可以是无所不在的。这几乎是一种泛存在主义。

三国时人刘劭在《人物志·英雄》中云："夫草之精秀者为英，兽之特群者为雄。"在汉语中，英雄就像花朵与猛兽一样，绚美、雄武而特殊——却又可以是布满整个大自然的。嘉莱尔的思想与此并不相悖。作为维多利亚时代英国最优秀的诗人、散文家和历史学家，嘉莱尔还曾是对近代中国学术有深远影响的怪杰辜鸿铭先生留学英国时的导师。从辜的身上，他也接触过一些东方精神，几乎有些类似中国魏晋时期的整体自然主义，如他在书中说："即使一片枯叶坠落，也是全宇宙不可分割的一部分。"

在他眼里——"英雄"也是如此，是一个大的人文概念。

他所谓的"英雄"，其实是一种"英雄性"，是普通人无法完成，却仍然是由各个领域内的普通人去做的行为。他们是世界史的精髓——用嘉莱尔的话说："他们简直就是创造者"——是"半神"。

我收藏的万有文库本《英雄与英雄崇拜》，是民国二十六年（1937）由商务印书馆发行的版本，因其纸张硬实，开本小，故很容易带在身上，随我多年周游远方，孤夜诵读，很少离开手边。译者曾虚白先生的文笔，远胜于后来那些版本，虽为竖排繁体，却字字精髓，至今每打开一页，都仍让我激动不已。

有英雄主义倾向的人，却并不一定能成英雄，此时势使然也。

或许要真到走向行动的那天，我才会抛弃此书，长谢文章。而在这人生渺小与平庸生涯漫长的饥饿中，它将永远是我食之不尽的"神粮"。

丹青与尺牍

繁体竖排版《历代名画记》

（唐）张彦远

1963 年版

绘画是我们这个世界形状的第一缩影。因为摄影与电影已经不可能回到千百年以前，去记录还没有发明它们之前的人类生活与自然景色。

画，在中国上古史中，据说是从一个女人开始的。

《画史会要》上曾记载："画嫘，舜妹也，画始于嫘，故曰画嫘。"这也许是一种古人对绘画本身的刻意追根溯源，但把绘画的鼻祖定为舜的妹妹，无论是否可考，中国人对艺术史与时间流变的重视都是很明显的。

绘画永远都在发展，它是人类视觉最原始的食粮。

有人说，架上绘画的历史结束了。在后现代，我们只能从观念与行为艺术中去寻找视觉刺激。真的是这样吗？我从不这样认为。世界上没有一件事物是已经完成的，必然有疏漏。绘画亦然。如德国人莱辛在《拉奥孔》里所谓："人的成长和完善不是来自已拥有真理，而是来自追求真理的过程。"

《历代名画记》总结了前人有关画史和画论的思想，是第一部编写绘画通史的完备文本。自唐朝以来，该书长期被认为是中国第一部系统完整的绘画通史，亦具有当时绘画"百科全书"般的绚丽叙事。在帝国的绘画史中，它的美感是后来《宣和画谱》等书无法比拟的。

它是古人总结上古与中古视觉历史的里程碑。

著者张彦远，字爱宾，山西永济人，为唐朝开元宰相张嘉贞、张延赏和张宏靖的后裔。张家收藏书画甚丰，可与秘府媲美。张彦远学识渊博，善书画。此书撰成于唐大中初年，他当礼部员外郎之时。此书分十卷，前三卷为论画之作，对中国上古绘画史、理论、技法、装裱、画具和鉴赏进行系统论述；后七卷为史传部分，作者搜罗了自传说中的轩辕时代至唐会昌元年（841）历代画家共三百七十余人的姓名、事迹，还有唐以前流传下来的作品、笔记，而唐代的画家则载于第九、第十两卷，收二百零七人，多是作者亲见的作品及传闻。其引据之浩博，不愧为"画史之祖"。

此书版本较多，主要有明人王世贞所刻《王氏画苑》、毛晋所刻《津逮秘书》与清人张海鹏所刻《学津讨原》等善本。我手里的是 1963 年人民美术出版社出版的秦仲文、黄苗子点校本，是一个很古朴的灰蓝色小开本。封面标题的印刷方式让人想起线装古书。事实上，此书的装订的确也是用的棉线，而非胶水。

当然，《历代名画记》中的文字也不是一点问题没有，甚至还有误读。譬如钱钟书先生就曾指出其中的细小错误，在《管锥编》中写道，张彦远《历代名画记》卷四有："封膜，周时人，善画，见《穆天子传》。"《穆天子传》卷二："封膜画于河水之阳，以为殷人

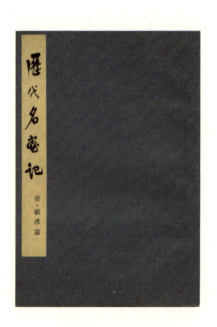

主。”此“画”乃“画”策图谋之意，非绘画图像之“画”。张彦远读误书破句，遂凭空添一上古画师。

《田儋列传》有：“田横之高节，宾客慕义而从横死，岂非至贤。余因而列焉。不无善画者，莫能图，何哉？”这里也是图谋画策之意，《索隐》亦误：“言天下非无善画之人，而不知图画田横及其党慕义死节之事。”

政治家的“图谋画策”，不是一般意义的绘画，但在古代汉语中皆可通写为一个“画”字，这确是对比喻的误读。

在二十世纪八十年代的一个下午，我偶然买到了这本书。这对于当时已经中断了绘画创作多年的我，有一种特殊的刺激。绘画对于我来说，一直是一个“精神还愿”，是对往事的镜诠。这狂热激烈的感情来自少年时代对图画的爱，后来则争分夺秒地释放。那时的我，有很大一部分是抱着希望“惊世骇俗”的愤怒去画的。所以什么都画不好。疯画只是一种心灵状态，于事无补。有时画笔在手中发抖，流泪，咳嗽，骂人，酗酒，狂喜，失眠……这些就像早年自渎的朱耷，是对灵魂的充实，但在成为高僧（平衡）之前却无助于绘画本身。那时我一心想着画大画。两米乘五米的、二十米乘三十米的，或一栋建筑上的……心灵的不足往往就去苛求材料的多余。

那时我还不懂得，其实方寸之间便可混糅一切宇宙，无论字画。就像《历代名画记》中的一个错字，再小，也有它不可代替的含义。

这书是山水和绘画尺牍的伟大映照，尺牍是山水的“亿分比”。

而一本文字书，则是世界形象的"亿分比"。

正如明画家董其昌所言："若论蹊径之诡异复杂，则画不如山水；若论笔画之神奇变化，则山水不如画。"

精神上的小中见大，是一切绘画技巧之终极，油画、浮世绘、装置等艺术也不例外。甚至大地艺术，如包裹柏林帝国大厦和巴黎新桥、海边礁石的那位克利斯托，也并不是在追求大，恰恰是在"局部"事物中寻找时间与真理。行为艺术与装置可能会启蒙未来的激进，但本身的前途几乎是悲观的，行动的残酷与刺激永远不能改变人类的视觉审美天性。皮肤永远不能代替眼睛，动作永远不能代替瞳孔，具体事件和物质永远不能代替幻觉形象。

画，其实是表现不存在的。因为"存在不能表现不存在"。

好的绘画就是将"不存在"独立出来。

好的画家都是在提炼。

读《历代名画记》，就是让我们要懂得提炼视觉的历史。

古史旧图癖

插图本《古代世界史》

[苏联] 米舒林 编著

1954 年版

    关于"古代世界史",已经有太多的书。

    反正谁也没见过古代世界,似乎只要不太离谱,大概齐怎么写都行。

    几乎每个国家,每个时代,都会有一群人靠写所谓"古代世界史"而成为不痛不痒的"文化人"。最近几年,由于图文书盛行,过去那些本没有图片的各种朴素的古代史、艺术史等书籍,也都忽然被现代编辑们配了插图,变得奢侈起来。"古代世界史"一类的大型图书,更是横行天下,简直是群雄并起,几成翻江倒海之势。

    但今天的彩色插图,不知为什么,对我缺乏吸引力,觉得闹心。

    我还是更怀念老书上那些印刷粗糙的版画,或黑白线描的朴素的插图。大约中国人都有点"恋旧癖",真如孔子所云:"人情好古而恶今。"

    米舒林其人,今天已经名不见经传。他的《古代世界史》,最早是民国期间出版过的,当时为了避免国民党当局审查,还删节了一

些敏感的字句。到了二十世纪五十年代初，由于中国和苏联的密切关系，引进了很大一批苏联学者的著作，于是在 1954 年又再版了这本书的全译本，书脊灰布面，硬纸封面，并作了许多朴素幽雅的黑白插图。

打开此书，几乎每隔一页就有一两幅图，画得非常密集。

朴素的笔法配着朴素的图，是此书最让我着迷的地方。

自古代世界野人的石器开始，画有原始公社村落、古希腊武士、陶器、波斯战船、象形文字、埃及法老与弓箭手、以色列王、古罗马角斗士、古代东方地图、中国窑洞、青铜器、长城、希腊剧场、苏格拉底、亚历山大、汉尼拔的大象军队渡河、受伤的斯巴达克斯、罗马斗兽场……一直到法国南部一座古老的桥。光是看这些丰富的图画，古代世界的轮廓就都有了。

那是一种朦胧的想象，不用去深究插图的艺术水准，而只用看它的象征。

读这书时，我想起了小时候在小学课堂上的感觉。

那时候的课本也是这样，黑白图画，很简单，新书一发下来，还带着浓郁的印刷墨香，我们这些孩子会立刻触到鼻子下闻起来，觉得很刺激。我们并不太爱学习，也不喜欢说教易怒的老师们，却都很爱看一切"新书"。那或许是一个人最本能的对"文化"元素的爱。而如今大了，再看那些彩色铜版纸的豪华精装本图书，却再也没有能让我如此激动的感觉。

或许古代世界就像一个人童年的读物——单纯，而又那么深远。

中国古人常说:"读书先读史。"

但历史却往往是虚假的粉饰。汤因比曾在《历史研究》中说:"写过去历史的人,都会为他自己今天的时代所局限,从而写出其实是时代思维的历史。"米舒林的《古代世界史》亦如是。作为苏联主流话语的产物,其基础是达尔文"进化论"和所谓"历史唯物主义"。它不像韦尔斯《世界史纲》那么洒脱,更没有斯宾格勒《西方的没落》那么激进;既缺乏新历史学派的敏锐,对宗教与神话也没有太多的阐释……但这些又有什么要紧呢?

我们在计较意识形态与学术之前,不如更关心书本身。

因为,老实说,世界上没有几本历史书能真正经得起"真实"二字的审查。就连《光荣与梦想》与《丘吉尔二战回忆录》里面也未必没有一点谎言,更何况一本涉及各民族的"古代世界史"!

与其迷失于对历史的态度,不如潜心于阅读这个行为。

我更爱的是作为原子,作为纸张与插图的这本书。

就像童年上课那样,我有时候拿出这本旧书,带着愉快的"嗅觉"翻阅它,抚摸它。如今,虽然它里面的知识、思想、史学价值与图画都已通通过时了,似乎早就已经属于"上个朝代"了,但它的存在却依然那么单纯,那么可爱,好像我们在电脑写作时代,却一直不舍得丢弃的一册老笔记本、一支旧钢笔那样。我相信:它的好,其实是一种情感。因为它的存在,已不再是什么"古代世界史",而只是"我们的往事"。

领袖如花

硬精装本《亚历山大远征记》

[古希腊] 阿里安

1979 年版

　　亚历山大大帝，大约是西方古代世界最俊美如花的领袖。

　　传说中，他的形象几乎接近女性，所以赢得其他英雄的爱戴。

　　当秦始皇在中国忙着混一海内，攻灭六国时，在喜马拉雅山的另一边，作为古希腊最伟大的哲学家之一亚里士多德的学生——亚历山大，却代表着希腊文明与马其顿的野蛮，用原始的方阵军队从地中海一直打到了北印度，沿途征服了埃及、巴比伦与波斯。自那之后，"亚历山大大帝"这个词，在西方历史上几乎就是神话。

　　他被很多历史学家的记载美化了，粉饰了。

　　尤其是作为他的部将，曾跟随着他东征过，后来又成为埃及王的托勒密，他在回忆录中把亚历山大的光辉完全推到了"超人"的高度。

　　相比起来，同样也曾经参与过战争的阿里安，就要客观得多。他的《亚历山大远征记》也是古希腊人写的同类书中最朴素的一本。阿里安本人出生在公元 96 年前后，由于"斯多葛派"哲学的影响，他的这本书几乎回避了关于亚历山大史中那些深具浪漫色

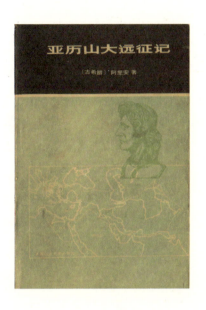

亚历山大远征记

〔古希腊〕·阿里安 著

彩的不可考证的东西,把主要的文笔用在了战争、军事与对亚历山大本人智慧的描写上。用他自己的话说:"从孩提时代起,祖国、家庭和官职就是我的作品。基于这个理由,我不认为我比任何最伟大的希腊作家逊色。我写的就是亚历山大本人——一位伟大的统帅。"

二十世纪九十年代初,有一天,我坐在重庆的一家茶馆里喝茶,听一个无名的老头"摆龙门阵",当时正是美国与伊拉克发生"海湾战争"的时期。重庆人喜欢侃天下大势,记得老头说:"战争就是人类的玩具,其本质是肤浅的。但人类却要依靠它开发智力,逐渐成长。"

那时我还不到二十岁,老头的话当时我不太理解。

其实所谓英雄或天才,就是一些"早熟"的人类。

他们总是在一些时代中突然出现,并以自己罕见的能量,推动着人类文明的进步。譬如说无论是《战争论》还是《孙子兵法》,都讲了一个诡异的道理:"战争中的欺骗是合理的"——所谓"兵者诡道"。也无论是秦皇汉武,还是以亚历山大为模本的,后来西方的各代领袖如恺撒、汉尼拔、忽必烈、拿破仑、克伦威尔等也都曾认为自己将给人类带去"理想的未来"。

灾难性的结局,并不一定意味着动机的邪恶。

英哲嘉莱尔曾称这些伟大的人为"光辉的半神"。

如果说西方世界自古希腊神话与荷马描写的特洛伊战争之后,还有一个连接神话传说与现实历史之间的"半神",那就是亚历山大了。因为亚历山大在战争中总是带着他俊美的英姿,身先士卒。

战争的目的自然不是让别的民族幸福，残暴的事情也很多。但亚历山大却试图混一所有民族，凡是被征服的地方，他都立刻开始建设。甚至对待敌人波斯王大流士的母亲，也如自己生母一样——这女人最后竟因亚历山大的去世悲伤而死。十八世纪法哲孟德斯鸠曾感叹道："这是个什么样的领袖，竟然让被他征服过的民族都为他哭泣哀悼。"

亚历山大发动的战争，据说并没有让别的民族仇恨他。

因为他将古希腊文明与科学带到了整个东方。

亚历山大军队的出现，影响了佛教，开拓了阿富汗和伊朗，并在一些蛮荒之地传播了古希腊悲剧的魅力。同时，每到一个地方，亚历山大就采集当地的植物、动物标本，派人送回希腊，交给他伟大的导师亚里士多德。至今我们看到的亚里士多德《动物志》中很多东方的资料，就来自这场远征的收获。东西方文明最早的交融，都在这个领袖一人身上完成了。

拿破仑曾说过："亚历山大年纪轻轻，就带着为数很少的人，征服了地球的一部分。他不是搞突然袭击，一切都是经过深思熟虑的。"

但是，公元前323年4月，亚历山大因狂饮过度，在沼泽地染了疟疾，高烧了十几天，于三十二岁就死于巴比伦，真可谓天妒英才。他用武力打下来的横跨欧亚大陆的江山，还没来得及用智慧建设，就夭折了。

有时候我觉得，"英雄领袖"也许就是一种回忆。

亚历山大征服的本是空间。但在没有了战争的时代，在离欧洲似乎很遥远的中国，在没有了英雄领袖的"经济全球化"的今天，这种回忆就成了时间。它已不再是政治地理学，而是以"美"为征服力的艺术与文学。

莽终古

线装影印本《乐圃琴史校》

（宋）朱长文著　汪孟舒校

1959 年版

　　《汉书》曾感叹："春秋纷乱，礼坏乐崩。"其实古中国与古希腊人一样，都认为文明质量的最高体现应该是音乐。

　　1881 年盛夏，晚清社会风雨飘摇的一天，湖南少年谭嗣同有了一次很意外的遭遇——他家宅院的两棵高约六丈的梧桐树，在暴风雨降临前，突然被闪电劈倒了其中一棵。于是，他以梧桐倾倒的残干，制成了两张琴。其一名"残雷"，琴铭云："破天一声挥大斧，干断枝折皮骨腐。纵作良材遇已苦，遇已苦，呜咽哀鸣莽终古。"其二名"崩霆"，琴铭为："雷经其始，我竟其工。是皆有益于琴而无益于桐。"谭嗣同每年回乡，都要带琴到文庙与友人纵谈天下大事，弹琴舞剑。据说 1898 年谭嗣同应召到北京参加维新时，还与夫人李闰秉烛夜话，对弹"残雷""崩霆"二琴。他还曾收藏过一张宋代那位同样嗜琴的英雄文天祥的"蕉雨琴"，并撰有《文信国公蕉雨琴记》一文。文天祥之琴铭是："海沉沉，天寂寂，芭蕉雨，声何急。孤臣泪，不敢泣。"可谭嗣同当时也许没想到，他未来人头也和文天祥一样在北京落地。谭嗣同是在菜市口，文天祥则是在柴市。

琴，一直是中国士大夫的心灵象征，就如当年嵇康断头喋血时，顾视日影，索琴而弹《广陵散》一般。

史上敢于以天下喧嚣反照琴心者，必有激烈文明之剑胆。

今天我们打开宋人朱长文的《琴史》，会发现那些耳熟能详的人物的名字，与中国其他的政治史或艺术史几乎是一样的：第一种是如武王、孔丘、钟仪、师旷、屈原、聂政、杜夔、刘琨、刘邦、蔡氏父女、诸葛亮、耶律楚材、李白、赵匡胤、苏轼等这样一些对历史有深刻影响的人物；其次是类似许由、俞伯牙、司马相如、左思、阮籍、陶潜、王维、白居易、元稹、朱文济、范仲淹、欧阳修等这样一些鸿儒天才；当然还有第三种专业琴人，如师曹、师中、龙德、赵耶利、董庭兰、薛易简等，他们一般不是宫廷的"琴待诏"，就是穷其一生于教学；最后，此书还收录了一些中古有怪癖的隐者异人，譬如孙登、毛女、独孤宪公、沈麟士等，以为此书渲染一二清狂放逸之气。

自宋以来，中国只有这一本《琴史》。而如近人许健那本《琴史初编》，罗列文献，实际上只是一本腐朽的流水账。因为那里面毫无精神。

古琴曾是中华帝国的核心音乐，而从晚清开始却是很特殊的冷门，是现代艺术生活的边缘。宋朝以降，尤其到了明清时期，琴还分有浙派、江派、虞山、广陵、泛川、中州、淮阳、诸城、梅庵等十三四个流派。但与西方音乐与艺术之流派不同，譬如印象派、超现实主义、达达主义、野兽派、垮掉的一代、荒诞派、未来派乃至强力集团、十二音体系、机遇音乐或新古典主义音乐，西方皆为思想意识形态领先，然后方为派，为主义。而古琴流派，却大都是地方

主义、师承系统与个人指法、传谱、技巧的产物,在参学时期经常出现党同伐异的现象。流派或有艺术风格之别,但实无真正的艺术思想可言。还美其名曰"派",实乃一种狭隘。虽然唐时琴家赵耶利曾论琴风云:"吴音清婉、蜀声躁急",但《琴史》中的琴人都无门无派。清人陈幼慈在《邻鹤斋琴谱》中也嘲笑过派别问题。其实所有的琴派都是"江湖时派"。近代之后,从来就没有出现过一个类似《琴史》中那样超绝的琴人。谭嗣同恐怕是唯一的例外。

且因派别之争而起的恶性循环、琴界互相攻讦之遗风,至今犹存。

古琴之所以曾经昌盛,是由于它当初的主人进入了政治、社会与文化史。它之所以消亡,却是因为它退化成了一种专科。我自少年弹琴,吟猱长啸,不觉有年,却也发现这圈子越小,琴人的心理就越狭隘,琴之清雅古风就越容易被市井化,容易局限于"形而下者谓之器"的庸碌。朱长文在《琴史》中虽讲了很多罕见的奇闻故事,九幽神迹,但其根本还是人学。近代琴人都只重视琴的雕琢,却忽略了人。唐代张祜诗云:

> 玉律潜符一古琴,哲人心见圣人心。
>
> 尽日南风似遗意,九疑猿鸟满山吟。

的确,如舜歌南风、孔丘在野、聂政刺韩、中散遇鬼……古琴音乐与琴人的典故,本来是这个帝国最盛行的一种艺术,如今却几乎成了最另类的一种怪癖。因为现代人已经不能理解古人的那种思维方式。

朱长文（1039—1098），字伯原，号乐圃，苏州人。未冠，举进士，以病足不肯试，筑室乐圃坊，著书阅古。元祐中起教授于乡，召为太学博士。他著述甚富，本有《乐圃集》一百卷，宋皇室南渡后，尽毁于兵火。今存《乐圃余稿》八卷，还有《吴郡图经续记》、《墨池编》与《琴史》，都收录在《四库总目》里。我手里的这本《乐圃琴史校》为民国琴人汪孟舒校对的线装版本，是音乐研究所影印的，也是目前琴人之间通行的一个本子。这之外，《琴史》从来就没有正式出版过，盖因琴人太少了。

子曰："兴于诗，立于礼，成于乐。"

唯有文学与音乐，可以使一个衰落的文明走向复兴。

印度的西塔尔、犹太人的小提琴、美国的摇滚、黑人的爵士……每个民族都有一种绝对属于自己的音乐。中国应该是古琴。

朱长文是一个很有先秦精神，也很会提炼学术美感的儒生。在他以前或以后，如《二十四史》中虽多有乐书或律书，也出现过公孙尼子《乐记》那样的音乐理论著作，但从来就没有过一本纯粹的琴书，更没有一个人，敢于像司马迁写《史记》的"列传"那样，专门把琴们的逸事单列出来汇编成一本人物传式的书，尽管那些琴人也都是名人。就拿聂政的故事来说，朱长文的记载与《史记·刺客列传》中聂政的记载就有很大悬殊。在朱之后，清代湖州藏书家兼琴家周庆云（梦坡）还编撰了《琴史续》与《琴史补》等书，其性质也与朱书相类，即以"人物志"或"语林"的笔记体方式记录了后来的许多琴人。

谭嗣同距离朱长文的时代已很遥远了，相差近一千年。虽同是琴人，谭所为之激进改良、法场狂啸、荡气回肠的血腥，是朱长文所不能想象的。但是谭嗣同在琴铭上所谓"纵作良材遇已苦，呜咽哀鸣莽终古"的痛苦伤感，却与朱长文写《琴史》的精神重合了。朱在《琴史》中罗列了那么多非专业琴人的烈士英雄人物，也是为了说明琴之血气可以华盖一切。如他所说："丝桐小艺，史氏或不暇书。终遁岩壑者，名迹幽晦，而弦歌余事，后人岂能遍录？其漏缺无传者，可胜算哉？余深惜之。是以于史传记集，苟有闻见，皆著于篇。病于不能尽得古书，可以广览而博求。此亦遗恨耳。"这种莽终古的"遗恨"，也是古今一切遭遇痛苦的天才不能完成理想时内心的同感。

　　朱长文的精神告诉了我们：从嵇康、文天祥到谭嗣同，都是洒血的琴人，也是我们帝国的音乐烈士。而在他们写下琴史的同时，也就写下了帝国的历史。

从晚清到 2532 年的迷惑

严复旧译本《天演论》

[英]赫胥黎

1971 年版

如果能不批判、不辩论、不比喻……直接说出"个人的真理"，这就是思想家。其他的那些只能算学者。除了搞教育，学者是无用的。但是我们从来不缺学者，只缺思想家。而且制度化的教育从不能诞生思想家（中国近代以来堪称思想家的，我认为只有谭嗣同一人而已）。当然，直接说出"个人的真理"不一定用语言，也可以是行为或艺术品。但真理从来就不是人的事，而是神的事。一切号称找到过真理的人，都只能给别的人带来更多的困惑与痛苦。而一切号称找到了真理的集体、派别或组织，则将导致更广泛的灾难与混乱。几千年来人类从来就没有找到过什么真理。无论西方还是东方，科学还是宗教，战争还是电脑……人的心一点变化都没有，社会进步只是皮毛。所以，"思想家"们的价值只是一种意淫。这种一万年前还没有文字，十万年前还没有羞耻与火，百万年前还没有直立行走的动物，是在地球突变之后开始发明神佛，还是发明神佛之后开始用思想来突变世界？这些无所谓。关键是：在茫茫宇宙里没有它可去的地方。谁也不能告诉它过去是什么，未来是什么。于是，在生理激素与情欲的催化下，它只有关着门自己胡思乱想，然后随便找一个理由去和别的胡思乱想的人打架、说话与恋爱，自己欺骗自己，还把那点弱肉强食与无耻竞争的事记录下来，美其名曰：历史。

谭嗣同之前，还有一个中国人也在思考这些问题。他就是严复。

十九世纪的晚清中国，是一个处于多事之秋而前途渺茫的帝国。每个中国人都在问：中国到底该怎么办？中国往哪里去？

1877年，梳着辫子的青年文人严复，被清廷保送到英国去留学。他受到民族危机的刺激，对文明本身产生怀疑，并开始醉心于西方社会政治学说，他大量阅读了孟德斯鸠、达尔文、斯宾塞等西方思想家的著作。他回国后不久，就在谭嗣同等人企图以铁血"兵谏"搞戊戌变法，用暴力强迫这个帝国的制度产生进化时，翻译出了《天演论》。此书是西学东渐以来第一本在中国产生地震级影响的西方书。

《天演论》的原名叫《进化学与伦理学》，是十九世纪英国生物学家、达尔文的朋友与捍卫者赫胥黎写的论文集。严复没有全翻译，只选择了其中的前两篇，简称为《天演论》。

天道的演绎，也就是所谓的"进化论"。而进化就是变化。

这个理论一引进中华帝国，人们就有些晕了。中国怎么能变？

其实严复是在甲午战争中国战败的刺激下翻译此书的。他想用"物竞天择，适者生存"的原理，来刺激当时愚昧的民众，唤醒在鸦片床上麻醉的国人。不过他忽略了，老赫胥黎还曾有云："自然界本无道德标准，是弱肉强食，适者生存。而人类是高于动物的，人性本

天 演 論

〔英〕赫胥黎著

严 复 譯

科学出版社

善，能做到相亲相爱，不同于自然竞争，所以社会伦理学不同于自然进化论。"

但当时异常激进的严复对此是不同意的。

他觉得种族与种族之间，国家与国家之间，也是一场巨大的物竞天择。

他认为在社会变革或国与国的相互攻击中，也是谁的实力最强，谁就是优胜的，谁就能生存，否则就是灭亡。他解释说："欧洲国家之所以胆敢侵略中国，就是因为他们能不断自强。美洲、澳洲土著居民之所以一天天衰落，就是因为他们糊里糊涂、浑浑噩噩。"他还将《天演论》一半分为十八篇，另一半分为十七篇，分别冠以中国式的篇名。他在阐述进化论的同时，联系中国的实际，向人们提出不振作自强就会亡国灭种的警告。他认为植物、动物、人类与国家，都必须面对弱肉强食的残酷竞争。中国再也不能妄自尊大，抱着古书与帝制不放，一味地吹嘘"夷夏轩轾"的老调。作为信、达、雅翻译的倡导者，严复的《天演论》也不是纯粹直译，而是有评论，有发挥，且全用文言文，类似先秦诸子的书。它不仅谈到了科学，也谈到了佛法；既论"乌托邦"，也说"忧患"。这也是此书在当时受到帝国新读书人偏好的原因。

本书于1896年译成，而正式出版的时候，正是谭嗣同等人头落地的1898年。自1898年以后，在短短的十多年中，《天演论》就发行过三十多种不同的版本，这是当时任何其他西学书籍都无法比的。康有为曾云："此为西学第一书。"所谓的"社会达尔文主义"，其意识形态的波澜一直可以延续到西方的纳粹时代。从社会变革的角度来说，此书的诞生可说是中国之幸。我手中这本朴素的 1971 年 3 月出版的《天演论》，依旧是晚清的版本。书本身没有被进化。只是书的扉页上印了当年的一句毛主席语录："古为今用，洋为中用。"

的确，人类曾用集体再教育、战争或洗脑的方式，强迫自己进行过进化。

但是人类的本质真的会通过淘汰得到某种升华吗？真的能成为超人、强者或外星人？还是这些只能算一种最原始的利益驱动？人类社会如果经过"天演"般地不断清洗，就能达到一种乌托邦理想国吗？

说来很戏剧化。就在老赫胥黎死后不久，他的嫡系孙子，英国著名作家阿道司·赫胥黎出版了一本讽刺乌托邦政治的小说：《美丽新世界》。这本书在近现代反乌托邦的小说里是仅次于奥威尔的《1984》并引起过巨大轰动的作品。在小赫胥黎的笔下，未来世界到了公元 2532 年时，已经是一个没有痛苦、没有灾难、没有罪恶的"美好世界"，可以说社会进化到了极限。那时，汽车大王成了新的上帝，而人们则像养鸡场的蛋一样，一批一批地孵化，繁殖……但都无父母，无亲人，无性格。人甚至进化得不再有命运。一个人的一生，在他还是胚胎的时候就已经注定了。人类按照各自的属性而活着。没有孤独，所以不再痛苦。没有爱情，因为"爱情是罪恶之源"。甚至也没有艺术：因为人们只追求感官刺激。

一切都变得很干净，却也很无聊，很单调，很恐怖。

小赫胥黎云："其实完美越多，自由就越少。"

2532 年还没到，世界是否会变成那样，谁也不敢揣测。但老赫胥黎的进化论已经过去一百年了。可以肯定的是，至少中国人没有多少变化，这世界也没有真正进化。《美丽新世界》可以看作《天演论》的幻想小说版，因为它们其实探讨的是一个问题：我们这个残酷竞争的世界究竟该往哪里去？晚清中国人面对列强与海洋文明的迷惑，何止是对文明的迷惑，也是人对于自然的迷惑。无论是佛陀还是基督，无论思想家、生物学家还是艺术家，也都有类似的终极寻问。记得十九世纪法国后期印象派画家高更曾经在塔西提岛上画了一幅描写自然土著人的画，名之曰：《我们从哪里来？我们是谁？我们往哪里去？》

是啊，原始的就一定是落后的吗？这个问题绝对不是"社会达尔文主义"者能说得清楚的。它是我们人类与一切动物整体的命运。除了神，任何人都无权回答。

先秦的黑色基督

(民国)梁启超

民国十一年版

梁启超云:"其实墨教的精神,从没有彻底离开中国民间。"

古中国没有真正意义上的宗教,如果说有,就是墨教。从教义与门规的角度来说,春秋三教——儒、墨、道都各执一词,互有悬殊;但是从对教主的绝对神化与崇拜来说,恐怕只有墨家算得上宗教,儒与道都更像是哲学流派。因为孔孟与老庄毕竟没有让门徒为了他们个人而行动,但墨家矩子却的确做到了让所有的信徒们"皆愿为之尸"的地步。

美国学者丹尼尔·贝尔(Daniel Bell)曾在《资本主义文化矛盾》中说:"在宗教失败的地方,偶像崇拜就会应运而生。"

一种哲学,让信仰它的人不仅可以为学问而死,而且可以为这个学问的权威者——矩子本人而随时洒血断头,这种哲学就是宗教,就是神权,或者说教门。

墨子创立的教门是一个带有强烈春秋铁血精神的教门。

汉朝以前,墨家哲学可以说席卷天下,读古书者鲜有不知道"天下之言,不归杨,则归墨"的名言。杨指杨朱,先秦时代的另一个特立独行的思想家，绝对个人主义的代表，号称"拔一毛以利天下，不为也"。而历史上很多学者都拿墨子与基督比较，认为他们都强调了"兼爱"。尤其在古代中国，很少有直接谈"爱"的哲学家，一般都只谈"道"、"形势"、用兵之法、阴阳之术，或者儒家的仁、义、理、智、信，或刑名、典法等等。但只有墨子谈了"爱"，而且是孟子所谓"摩顶放踵利天下为之"的那种爱。

梁启超的《墨子学案》，是读《墨子》最好的导论。因为《墨子》一书卷帙浩繁，颇难卒读，梁氏在书中总结道：墨学的基本纲领虽有十条，其实只从一个根本观念出来，就是"兼爱"。"非攻"是从"兼爱"出来的，"节用""节葬""非乐"也是从"兼爱"出来的。墨子在这一点上的确和基督异曲同工：他们都觉得这世界如果有一部分人奢侈享乐，就会损害另外一部分人的利益。

墨子之患"爱"，如同基督之患"平等"，卢梭之患"不均"。

但是"爱"——这个字在先秦似乎很不实用，不合时宜。

因为那是一个杀人盈城、腐尸遍野的恐怖时代。在一个流血漂橹的民族里谈爱，显得那么苍白，甚至古怪，有点像在"文革"武斗时期大谈"革命的浪漫主义"和爱。墨子最厌恶儒家，尽管他少年时代也曾学儒，是鲁国人，但却对孔子的中庸十分反感。孔子强调什么，他就反对什么。这就是司马迁在《史记》中不为墨子立传，只在"孟子荀卿传"后面写了二十四个字的原因——太史公对墨子的描述很简约："盖墨翟，宋之大夫，善守御，为节用；或曰并孔子时，或曰在其后。"说了等于没说。

墨子认为："上之所是，必皆是之；上之所非，必皆非之。"完

共學社哲人傳記叢書

墨子學案

新會梁啓超著

商務印書館印行

全像一个专制主义者。

于是他走向了儒家的反动，就像一位远东的黑色基督那样。他需要别人以效忠的方式跟随他，把哲学付之于行动。于是，他率领着类似黑社会一样的教徒们，哪里有难去哪里解救，哪个国家被欺凌了，就去帮助哪个国家。他在春秋战争的沙漠里游荡，又好像佛教中的"愁面观音"。在这个过程中，他开始了惊世骇俗的布道传教生涯……墨子是个实证主义且言行一致的人，他效法大禹的"形劳天下"，倡导用实际行动解答思想。但他的思想不像基督那样玄奥，却类似基督教的社会主义，甚至类似马克思的观点，认为奢侈的人的财富就是从伤害别人的利益得来的——马克思云："资本家的财富就是来自剥削。"用毛泽东的话说，墨子要"为人民服务"。他用吃苦的人格和行为感化了很多人，的确是身体力行。他的门徒也越来越多，形成了一个流派，一个"地下组织"——这个组织以兼爱助人为业，但在必要的时候，却可以杀人放火，任侠殉道，而且成员多为铁血性格，甘愿为了教祖的哲学而断头。墨子死后，墨家弟子便在全国范围内开始推举一个墨子哲学的权威解释者，称为"矩子"，类似基督教的教皇、现代恐怖组织的精神领袖或黑社会老大，史上记载的就有三位：孟胜、田襄子和腹䵍，所有弟子都愿意为矩子流血亡命。

陆贾《新语》常言："墨子之门多勇士。"

汉《淮南子》云："墨子服役者百八十人，皆可使赴火蹈刃，死不旋踵。"

秦汉间，墨教形成了这个帝国历史上第一个大规模的、有哲学地反制度的地下秘密组织。

墨翟所创立的教权也一直延续到汉代才式微，而民间仍多有"侠以武犯禁"者。可以说，墨子的精神导致了后来唐宋间的任侠风气、以"水浒"为标本的造反思想，并一直延续到明清时期民间的洪门与地方宗教传统，派斗。在历史的海洋里，虽然各种动荡的主义披着如黄巾军、白莲教、八卦教、太平天国、义和团或青帮、洪帮、斧头帮等各色外衣，但究其实质仍然是墨教。墨子树立的人格济世精神，影响了很多民间英雄，尤其是平民勇士，其作用类似中世纪基督教的十字军，以杀富济贫来处理社会分配的不均。于是，"爱"与暴力混淆在一起了。理想主义因现实的丑陋而蜕变为铁血主义。

章太炎读《墨经》时曾感叹："若墨教盛行，中国可能就将像西方教会专制一样，杀人流血。"

《墨经》还是一本阐述中国古代逻辑学与科学的著作。其中关于名、辞、说、辩等逻辑思维形式和规律的理论，是发现、总结和论证中国古代数学、力学、光学等自然科学的文字工具。如《墨经》关于"名"的理论，就对一百多门科学概念作了定义与划分。譬如说："圆，一中同长也"，这是几何概念；"久：有穷；无穷"，这是物理时间概念；等等。

梁氏《墨子学案》出版的时代，是民国十年（1922），晚清帝国已亡，距离梁启超等人"戊戌变法"的时间也已经有二十多年了。封面上已经印着共学社"新会梁启超著"的字样。但我想这本书在动乱的民国思想界一定有着潜在的煽动作用。它在我手里已经旧得发黄，纸张干枯得几乎要碎了，一些散页已经开始脱落，可其中的语言与思想却充满了时代的魅力。不是因为梁启超在学术上的精湛，而是因为墨子——这个中国先秦"黑色基督"的形象有着那么诡异、伟大和超人的感召力，就是不喜欢读书的人，也会为其铁血宗教精神所震撼。

他是先秦哲学家中的一个狂飙突进般的另类，一个尖锐的例外。因为在他之后，再也没有一个中国思想家谈到过"兼爱"。

大复仇对话录

线装四部备要本《公羊义疏》

（先秦）公羊高

民国中华书局版

《尚书》引《政典》云："先时者杀无赦，不及时者杀无赦。"

此语非仅论政治人伦中的严酷，也指自然与战争。

人类与动物之区别，大约在于人有三个属性：自然性、人性与神性。

一个是天生，一个是教育，一个是追求。三者中，人首先是动物。

在大自然旷野里，一直存在着物竞天择的残酷斗争，猛禽扑食、群兽角逐、蝗灾鲸吞、鹰蛇恶斗、虎狼与羚羊嗜血草莽、猿猴与麋鹿互占山头，一直到大鱼吃小鱼，乃至细菌之间的繁衍分裂，植物之间的花粉传递、土壤争夺、秋枯春荣……英哲达尔文因之而叹神之虚无，造物之惨烈："每种生物在每个时期，都会不得不产生斗争，并且遭到重大毁灭。"因为"种类的永恒就在于个体的灭亡"。

禅言："五百年前我吃你，五百年后你吃我。"

南华云："蜗角之国，互争短长。"

虽然如是，但宗教的境界或进化论的无情，都不能完全化解现世的悲怆。一切过分超越于时代或物种之前、之上的，都会遭到毁灭——譬如天才或英雄；而一切太落后于时代或物种之下的，也会遭到毁灭——譬如弱者或弱国。这就是"先时者杀无赦，不及时者杀无赦"的道理。

中华帝国的历史不过是帝国权力的一种"修辞学"。

而且，正如英人汤因比（Arnold Toynbee）在《历史研究》中说的："历史学家的研究，本身就只能是他所在的那个特定时代、特定环境的产物。"中国历史从来就不会是客观多元的，既使你把正史、野史和稗官小说加在一起来看。

为什么会这样呢？也许古代的中国人太热爱皇权了——这是一个"修历史的标准"。这种皇权意识，汉以后几乎就是一种神权意识。因为在儒家精神中，一直就存在着一个最重要的关于夺取权力，或者夺回权力的学说：这就是《公羊春秋》。这本书自西汉开始就是儒家十三经之一，它与《孟子》一样，可以说是所有在朝为官，以及在野仰止于山水间的士大夫、文人的重要精神武器——尤其是当他们仕途失意，或者有异族入侵的时候。

《春秋》本为六经之一。子曰："知我者春秋，罪我者春秋。"这是中国第一本国家编年史书。一年四季，气候却三：一寒、一热、一温。古人以其温暖之春秋天气，象征历史中和平的可贵与短暂耳。据说六国多有自己的"春秋"书，后战火连绵，今只留下《鲁春秋》一书。自孔子起，历代注《春秋》，甚至写《春秋》体书的人甚多。所谓"微言大义"，甚至一直到清初曹霑写《石头记》，也因其隐写历史而被称为"春秋笔法"。

公羊義疏

冊一

鲁之《春秋》影响深远，上古最著名之注者有三，皆先秦人，即公羊高、穀梁赤、左丘明。所谓《春秋》三传："公羊""穀梁""左传"是也。

其中《左氏春秋》因搜典故事件最多，近代也流传最广。

相对而言，《公羊春秋》与《穀梁春秋》，今天读的人就不多了。

但是自西汉至晚清这二千年里，《公羊春秋》却是每个古代中国读书人的必读之书，通称《公羊传》。

《公羊传》之所以有着持久不衰的威慑力，主要在于公羊高这个人根据《春秋》中的事件，尤其是暴力、叛逆等极端事件所提出一系列思想，超出了一般意义上的儒家思想。总结起来，大约有十二条，曰：大一统、春秋新王、春秋王鲁、孔子为王、孔子改制、天子一爵、天人感应、夷夏之辩、经权说、张三世、通三统、大复仇。

其中对皇权最有影响，使之从西汉开始走向神权的，主要是大一统、王鲁、王孔、天人、夷夏、经权以及复仇这几条。自西汉董仲舒开始，到注释者何休与后来的康有为，乃至于谭嗣同与孙中山，也都主要依据这些思想而走向政治上的激进。汉族的高贵在历代士大夫眼里，也因此而变得神圣不可侵犯。

其中与神权三位一体最接近的，就是王鲁、王孔与《春秋》本身。

中国的《春秋》故事，就好像是基督教的《旧约》，其中的一系列"鲁王"就好像犹太国王或上帝的化身，而孔子则像救世主或基督的化身。公羊高在此试图提出一个全新的国家结构，以此重新梳理战国时期天下大乱的周朝政治，建立一个以儒家为神权，以鲁国为中心，以孔子为显灵上帝的"理想国"。

《易》云："卑高以陈，贵贱位矣。"中国的政治哲学，主要就是一种行为"伦理学"。所谓"天地君亲师"，不是天伦，就是人伦。有伦理，就会有权威，就要树立权威。树立权威的目的是为了把一个庞大的民族管理起来，使之有文明的"新秩序"。这一点无论是在易、礼、乐、书还是诗中都体现得很彻底。西汉后，儒家政治哲学基本取得了胜利，横扫了战国百家，独树一帜。这或许是汉武帝等人的需要，不过也间接说明了古代中国人的选择——皇权的根本就是一种带有宗教倾向的神权。在这里，孔子的思想或记载，就是教义。

儒家有很多种。汉朝董仲舒所谓："通一经者为儒生，全通者为鸿儒。"此外还有反面的比喻如腐儒、酸儒、犬儒等。子曰："仁者必有勇。"那些不画地为牢，敢于直抒我见的愤世嫉俗之士大夫知识分子，如刘叉、邵雍、徐渭、朱耷、李贽、龚定盦、王阳明、金圣叹、康有为之流，则为狂儒。

《公羊春秋》就是这些教义中最激进，最接近狂儒精神的一部分。

它像《新约·启示录》一样，为儒家体系指引了一个未来世界的方向。

它是古代君主制与正义的调解器，也是近代大汉族主义的源头。

抛开君主制度不谈，在《公羊春秋》的思想中，我认为最重要的有三条：一个是贯穿古今的夷夏之辩，一个是经权说，一个是大复仇。这三者其实是融会贯通的——就是"复仇思想"。且此书的行文方式全用对话体。

如《公羊·庄公四年》记载：

> 纪侯大去其国。
>
> 大去者何？灭也。孰灭之？齐灭之。曷为不言齐灭之？为襄公讳也。《春秋》为贤者讳何贤乎襄公？复仇也。何仇尔？远祖也。哀公亨乎周，纪侯谮之。以襄公之为于此焉者，事祖祢之心尽矣。尽者何？襄公将复仇乎纪，卜之曰："师丧分焉。""寡人死之，不为不吉也。"远祖者几世乎？九世矣。九世犹可以复仇乎？虽百世可也。家亦可乎？曰："不可。"国何以可？国君一体也。先君之耻，犹今君之耻也。今君之耻，犹先君之耻也。

再如《公羊·宣公十一年》记载：

> 冬十月，楚人杀陈夏征舒。此楚子也，其称人何？贬。曷为贬？不与外讨也。不与外讨者，因其讨乎外而不与也，虽内讨亦不与也。曷为不与？实与而文不与。文曷为不与？诸侯之义不得专讨也。诸侯之义不得专讨，则其曰实与之何？上无天子，下无方伯，天下诸侯有为无道者，臣弑君，子弑父，力能讨之，则讨之可也。

这是一种类似哲学辩论的精神对话。

曾有人言："西方文化是杀父文化，而东方文化是杀子文化。"说中国人不像西方人那样懂得进步。其实非也。春秋纷乱，杀父弑君的思想是早就有的，而且在一段时间内非常风行。《公羊传》中所倡导的极端民族主义，甚至是超时间，超朝代的。所谓"九世犹可以复仇乎? 虽百世可也"。这里所谓的"百世"，几乎是指千年以上的概念。华夏人自古受到北方游牧民族的骚扰，所以以"文明"区分二者。同时，公羊学说赞成在国君犯了错误的时候，下面的臣子就可以在不违背《春秋》大义与孔子语录的纲领前提下，实行兵谏、刺杀等极端暴力行为，以强迫政治回归伦理秩序。如近代最著名的两个一败一成的例子：一个是谭嗣同试图挽救维新，逼迫袁世凯围攻颐和园，对慈禧太后实行的"兵谏"，后以失败告终；另一个公羊精神的发挥者则是很彻底的——孙文的辛亥革命。因甲午战争之后晚清朝廷已经在努力接近西方文明，维新变法、洋务运动的规模相当浩大，几乎使中国提前走向了工业革命的道路。若没有革命党，清朝政府再维持几十年，使中国逐渐改良成进步国家，可以说是没有太大问题的。孙文是基督教徒，早期组织惠州起义时的革命党人也多是基督教民。但他在政治上之"驱除鞑虏，恢复中华"的主张，却是最典型的《公羊春秋》之"华夷"民族主义。

话说回来，从西汉征伐匈奴的壮举到元朝时汉族被征服，一直到清朝入关、鸦片战争、近代排满革命与朝鲜战争等，"大复仇"的意识形态从来就没有过去。从南宋到晚清，将近一千年过去了，汉族人经历元蒙、金国与清朝惨痛的统治，但其"大复仇"之情结依然如故。

汉族从来没有侵略过别的民族，这是他的农业民族秉性。

但汉族却一直是个"复仇心理"很强烈的民族，这也是他农业民族的秉性。

今天，人们的思维在近代帝国大失败与现代经济社会与自由贸易、文化交流的前提下，又多了一些新的认识。

时代过去了，民族纠葛的裂缝也逐渐被时间弥补了。金人或女真人，就如同后来的蒙古人与满族人一样，都渐渐成了所谓"中国人"。那些空前的屠杀、悲惨的战争、焦土政策的恐怖和盈野之白骨，也似乎烟消云散，化为了历史书上的几行字、几张图，不再具有深刻的遭遇性。自身的衰败与腐朽，其实与别的文明之入侵或刺激并没有绝对关系，只有相对关系。

匈奴、胡人、女真、蒙古、满族、八国联军与日本人……都一直只有在汉族中国自身最脆弱、最保守、最落后和不开放的时候，才会试图用武力冲进来。前一部分还不过是游牧民族，他们来了，又走了，不管几百年，顶多杀人抢劫，却改变不了什么。因为他们没有文化。但是西方文明，尤其是以古希腊科学为遗产的欧美工业文明的进入，却不这么简单了。因为他们是有社会科学意识的。他们的进入是两个文明之间冲突与比较。这时再谈"华夷"是不客观的，因为这两个文明是平等的。

《公羊春秋》中教给我们的还有一个真理，叫"王者必改制"。

要想成为一个伟大的国家，就要敢于修改自己过去的错误思想。不管那思想存在了几个朝代，几千年。一个文明不可能什么都是对的。太监制度、凌迟与裹小脚也是文明元素，难道不该淘汰吗？

近代的失败甚至就是对儒家的误解与狭隘保守制度导致的。

法国汉学家阿兰·佩雷菲特（Alain Peyrefitte）曾在《停滞的帝国》一书中总结近代中国失败，说："中国拒绝对世界开放，而英国则不管别人愿意与否，都想让世界对所有交流开放。于是欧亚大陆兵戎相见了。"一个西方人都深刻认识到中国的可贵与可悲是同一根源的性质，为什么我们还要为了"面子"而继续欺骗子孙后代？

的确是这样——文明的绵延千年是很容易的，只要没有外族干扰，一眨眼的工夫就过去了，似乎看来很伟大。但如果不懂得学习，不接受新的事物，到了危急关头才为自己的文明突然要灭绝，因突然发现它原来还有那么多弊病而忧愁痛苦，那就已经太晚了。